Lucienne M. Skopek

PNINA

MA COMPAGNE D'ARMES

Allewil

En couverture : En 1951, pendant le stage d'aide infirmière de Pnina et Lucienne (deuxième et quatrième personnes en partant de la gauche).

ISBN : 979-10-93645-08-7

Fegersheim – Alsace – France
www.editions-allewil-verlag.com

Pauline

Je me demandais souvent ce que Pauline était devenue. Je savais qu'elle avait quitté Israël en 1955 et était retournée vivre en Belgique. Depuis, j'avais perdu sa trace.

Pourtant les mois que nous avions passés côte à côte à l'armée et les expériences intenses que nous avions partagées étaient restés gravées en moi toutes ces années. Pauline avait aussi été témoin de mon histoire d'amour avec Jean, jalonnée d'espoirs, de joies, de larmes, d'angoisses, d'incertitudes. Ces souvenirs ressurgissaient chaque fois que je rendais visite à ma mère à Paris.

J'avais moi-même quitté Israël en 1953 après avoir épousé Jean, et nous habitions alors à Genève. L'année suivante, je devenais maman d'une petite fille, Dani, et Jean tombait gravement malade. Il allait décéder cinq ans plus tard. Quand, peu avant sa mort, j'appris que sa maladie était incurable, qu'il ne guérirait pas, qu'il pourrait disparaître d'un jour à l'autre, qu'il était encore vivant par miracle, et que mes proches m'avaient tu cette vérité pendant des années, je me suis sentie trahie. Ne faisant plus confiance à personne, je ne savais vers qui me tourner. Alors, j'ai appelé Pauline à mon secours. Elle était la seule qui, connaissant notre passé pour en avoir été si proche, me comprendrait. Dans sa lettre elle m'avait répondu que sa situation ne lui permettait pas de quitter la Belgique et qu'il lui était impossible de venir à Genève. J'étais déçue et blessée. Par la suite notre correspondance s'était espacée et avait fini par cesser.

Trois ans plus tard, j'épousais un jeune étudiant américain et partais vivre aux États-Unis. Comme je revenais régulièrement à Paris rendre visite à ma mère vieillissante et malade, je m'arrêtais souvent à Genève chez des amis. Ces séjours me ramenaient aux années turbulentes de la maladie de Jean et au refus ou à l'incapacité de Pauline de venir me soutenir. Je ne comprenais pas ce qu'il s'était passé, ce qui avait empêché mon amie d'être auprès de moi. Au cours des années je continuais à me poser toutes sortes de questions : vivait-elle toujours en Belgique ? Était-elle mariée ? Avait-elle des enfants ? Aurait-elle oublié notre passé ensemble et l'amitié qui nous avait liées ?

Il aura fallu plus de vingt ans pour que le hasard m'apporte des réponses.

Israël - Rencontre à l'armée

Janvier 1951. Nouvelle recrue dans l'armée d'Israël, je fais la queue avec les autres bleus en attendant de recevoir mon uniforme. Tout à coup, j'entends derrière moi. « Tu parles français ? » Je tourne la tête, et vois Pauline pour la première fois.

Le sergent préposé à la distribution de nos effets appelle mon nom. C'est à mon tour.

« Ta taille ? lance-t-il.

– Trente-huit ». Il me tend béret, jupe, pantalon, chemises, chaussettes kaki et chaussures choisis de la pile d'habits triés par taille sur une longue table. Je reçois également mes gamelles, des bottines, ainsi qu'un *duffelbag* (sac de marin) sur lequel est imprimé le numéro d'immatriculation 15360 pour y entasser toutes mes affaires. Le même numéro est gravé sur un médaillon rectangulaire en fer blanc pendu à une cordelette qui ne devra jamais quitter mon cou pendant mes deux années de service. Et puis, pour la première fois de ma vie, je tiens entre les mains, un *sten* (mitraillette de l'armée britannique).

Comme je viens d'arriver en Israël, je ne sais que quelques phrases utilitaires en hébreu comme *lehan ata nossea* (où vas-tu ?), *ma shlomcha* (comment ça va ?), *toda raba* (merci beaucoup) et je comprends mal ce qu'on me dit. Pour enregistrer les ordres du sergent je dois me concentrer. Après avoir tout enfoui dans mon *duffelbag* et l'avoir suspendu sur l'épaule, je cherche des yeux cette voix féminine qui s'est adressée à moi en français et à laquelle je n'avais pas eu le temps de répondre.

« Tu parles français ? Répète-t-elle

– Oui…

– D'où tu viens ?

– De Paris. Et toi ?

– De Belgique. Attends-moi, c'est bientôt mon tour. » La jeune fille rit et semble heureuse de m'avoir entendu échanger quelques paroles en français avec une certaine Jeanne juste devant moi.

« D'accord. » Je me poste à quelques mètres et l'entends discuter avec le sergent. Elle m'explique par la suite que sa taille de bottines n'est pas disponible et qu'elle les recevra plus tard. Pauline comprend ce qui se dit et semble savoir mieux que moi ce qu'il va se passer.

« Je m'appelle Pauline, mais en Israël on m'appelle Pnina. Et toi ?

– Moi, c'est Lucienne, mais je crois bien qu'on va

m'appeler Lucia.

– Dépêchons-nous d'arriver avant les autres pour avoir des lits côte à côte. » dit Pauline en m'entraînant vers la tente qui nous a été désignée. « Tu dis que tu viens de France ? Continua-t-elle.

– Oui, enfin après la Suisse. Et toi, de quelle ville en Belgique ?

– D'Anvers.

– Tu es seule ici ou avec ta famille ?

– Seule. Mes parents ont été déportés. Ma sœur se trouve en France. Et toi ?

– Mes parents et mon frère sont à Paris. Nous avons été sauvés en nous réfugiant en Suisse. Mais le reste de la famille a disparu en Pologne pendant la guerre. »

Nous ne sommes pas les seules en Israël à avoir des histoires semblables. Les jeunes Juifs orphelins ou dont les parents ont été persécutés avaient été convaincus après la guerre d'émigrer en Israël. Certains l'avaient fait par idéalisme, d'autres par besoin.

« Quand êtes-vous partis en Suisse ?

– En 1942. Nous n'étions pas sûrs de pouvoir rester après avoir passé la frontière illégalement. Mes parents avaient très peur, car la Suisse renvoyait parfois les réfugiés dans les mains de la Milice française. »

Arrivées les premières à la tente qui abritera huit filles, nous prenons possession de nos lits et Pauline me confie :

« J'espère que les autres ne parlent pas français. Comme ça on pourra bavarder sans qu'elles comprennent. » Depuis 1948 Israël accueille un grand nombre d'immigrants rescapés de la guerre, venant surtout d'Europe de l'Est et qui ne parlent que la langue de leur pays ou le yiddish. Ceux qui parlent français sont rares.

Pauline insiste pour avoir le lit de camp le plus proche de la sortie, et je n'en comprendrai la raison que plus tard. Quand elle avait été internée pendant la guerre en France, sa mère s'était précipitée pour lui trouver un lit près d'une entrée qui avait le plus d'air « pour pouvoir mieux respirer ».

Dès le moment où nous investissons le lit qui deviendra notre unique bulle privée, nous ne nous quittons plus. Dans ce milieu rébarbatif du camp où nous passerons nos trois mois de manœuvres, nous resterons accrochées l'une à l'autre.

Après avoir rangé notre barda dans le caisson prévu à cet effet près de notre lit, nous nous transformons en soldates, vêtues de l'uniforme pour le premier appel avant le dîner.

Notre chemise, jupe et blouson kaki raides, rêches et impersonnels endossés, nous devons nous assurer que notre cravate est bien nouée, le nœud bien centré, notre béret légèrement penché sur l'oreille gauche, l'insigne de notre corps d'armée, le *Nachal*, bien visible. Nous nous sentons déguisées. Sans miroir, chacune de nous inspecte la tenue de l'autre. Prête la première, je demande à Pauline :

« Tu crois que ça va comme ça ?

– Oui, ça te va bien cet uniforme. Et moi ? Je dois avoir l'air horrible avec mon gros derrière.

– Mais non, ça va, attends, j'arrange ta cravate, elle n'est pas tout à fait centrée et le nœud doit être resserré. Ton béret devrait être plus penché sur le côté, et l'insigne bien au milieu. » Nous sommes déçues de faire partie du *Nachal* réservé aux *kibboutzniks* (habitants du kibboutz) et à ceux qui n'ont pas de formation professionnelle, car l'école de recrue y dure trois mois, alors que dans les autres corps d'armée elle ne dure que trois semaines, suivie d'une formation basée sur la matière de nos études.

À dix-sept heures nous avons droit au premier appel. Ensuite, notre sergent nous fait visiter la cantine, les douches d'eau froide et les latrines. Je reste bouche bée : devant nous, une porte à battants d'une baraque ronde en bois. À l'intérieur, je découvre une plateforme en cercle où sont découpés six trous pour se soulager. Toute séparation, isolation ou pudeur sont abolies.

Pour les repas à la cantine il faut faire la queue, et nous apprenons vite que pour éviter l'attente nous devons arriver les premières ou les dernières, quitte à n'avoir que des restes. Gamelles, couverts et gobelets métalliques doivent être lavés et dégraissés à l'eau froide mélangée à du sable. Dans l'ensemble, nous sommes mieux nourris en tant que militaires que les civils soumis à des restrictions alimentaires, sauf ceux qui peuvent se ravitailler au marché noir.

« Votre *sten* ne doit jamais vous quitter » nous avertit sévèrement notre sergent. « Il doit être impeccablement nettoyé et être sans le moindre grain de sable au moment des inspections. » C'est une gageure dans ce pays fait de sable et le cauchemar de Pauline qui n'a ni la patience ni l'envie de manier une arme, et encore moins celle de passer du temps à la nettoyer. Elle se débrouille pour trouver un gros fumeur parmi les soldats qui, en échange des rations de cigarettes que chacun de nous reçoit, lui nettoiera son arme.

Pauline s'en sort beaucoup mieux que moi au quotidien, sauf lorsqu'il s'agit d'exercices physiques qu'elle exècre. Un jour nous devons grimper sur une échelle instable faite de cordages, attachée à un mur de cinq mètres et sauter du haut de l'autre côté du mur. Cet exercice affole Pauline. Péniblement arrivée au sommet du muret auquel elle s'agrippe, au lieu de sauter, elle se laisse glisser tout le long de l'autre paroi, arrivant en bas les mains en sang.

Des coups de sifflets ou une sirène nous réveillent en pleine nuit à l'improviste. Nous devons nous tenir prêts à l'appel en uniforme en quelques minutes au pied du lit, notre *sten* nettoyé tenu à bout de bras afin d'être inspecté. Puis nous partons dans l'obscurité. D'abord nous défilons par rangées de trois, puis l'ordre nous est donné de courir, puis de ramper, notre mitraillette sur le dos pour la protéger du sol sablonneux. Au cours de nos longues marches de nuit comme de jour, il arrive que le sergent choisisse l'une d'entre nous pour donner les ordres, et une fois ce fut le tour de Pauline. Elle est fatiguée, a chaud, en a marre, et pour s'amuser donne des instructions complètement chaotiques *kadima* (en avant), *achorha* (en arrière), *yemina* (droite), *smol* (gauche) désorganisant notre formation qui, au lieu de rester en ligne droite, forme un serpentin. Pour la punir, notre supérieur furieux, l'oblige à continuer la marche pieds nus.

Pauline est souvent sur le point d'abandonner, de se porter malade, de se mutiler même pour être exemptée de ces manœuvres. Un jour sous le soleil, alors que nous marchons en formation, elle se jette dans un fossé pour se fouler la cheville m'entraînant avec elle. Ce stratagème nous dispense de manœuvres pendant trois jours. Son instinct de survie a aiguisé son imagination et se manifeste à différentes occasions.

Nos corps déshydratés sous le soleil et la chaleur n'ont pas droit à l'eau tiédie dans notre gourde portée à la taille, tant que la permission ne nous en est pas donnée. Alors je trouve une combine pour combattre la soif. Je suce un caillou ramassé une fois quelque part et gardé dans la poche de ma chemise. Quand ma gourde est vide, Pauline n'hésite pas à partager l'eau qui reste dans la sienne. Une fois, tandis que nous longions une plantation d'oranges, elle me chuchote :

« Continue avec les autres » sans autre explication. Je crois qu'elle va se soulager dans les arbres, mais au bout de quelques mètres elle nous rattrape, sa chemise gonflée au niveau de l'estomac. Avant même d'avoir le temps de lui demander ce qu'elle a fait, elle sort deux oranges fraîchement cueillies qu'elle partage avec moi. Un délice !

Grâce à son culot, il m'est parfois possible de contourner la discipline militaire pour passer des moments volés avec Jean, mon grand amour. Nous nous sommes engagés dans l'armée en même temps et, par hasard à un certain moment, nos camps se trouvent proches l'un de l'autre vers Tel Aviv. Lui dans la marine, ayant déjà terminé l'école de recrue, peut sortir le soir, tandis que Pauline et moi encore en pleines manœuvres, n'avons pas le droit de quitter notre camp entouré de fils de fer barbelés, un autre cauchemar de mon amie. Pourtant, elle nous trouve toujours moyen de faire la belle au risque d'être attrapées et punies. Quand Jean m'écrit qu'il sera libre un certain soir, et que je désespère de ne pas le voir, Pauline a l'idée et le courage de nous faire passer entre les fils de fer barbelés pour sortir. Avant de quitter notre tente nous couchons nos armes dans nos lits sous les couvertures pour camoufler notre absence et faire croire que nous y sommes endormies. Elle a découvert un trou par lequel nous espérons pouvoir nous enfiler sans laisser de traces. Mais au moment de passer, Pauline avec son derrière rebondi, accroche son pantalon à un fil de fer et le déchire ce qui ne nous empêche nullement de continuer. Il faut sortir coûte que coûte pour aller danser ! En ville, des sous-officiers nous reconnaissent et nous réprimandent mais sans donner suite, nous permettant même de profiter d'une soirée de liberté avec Jean. S'ils laissent passer cette infraction sans sévir c'est parce que, parlant le français, nous sommes dans leurs bonnes grâces.

En fait, Pauline et moi, nous nous soutenons mutuellement : elle trouve des combines pour contourner le système disciplinaire et les exercices qui l'angoissent; de mon côté, je l'incite à continuer. « Tiens bon, on n'en a plus que pour deux mois, après on fera l'école d'aide infirmière ensemble. » Alors elle reprend courage.

Il se trouve que Pauline et moi portons le même intérêt pour ce qui est médical. Après l'école de recrue, nous pouvons choisir une formation professionnelle et il nous est possible de suivre un cours d'aide infirmière de six mois. Heureuses que l'armée prenne notre demande en considération, nous n'en sommes pas moins angoissées, car nous ne répondons pas aux critères requis : une certaine connaissance de l'hébreu que je n'ai pas et avoir terminé le lycée. « On n'a pas besoin de leur dire la vérité » dis-je pour rassurer Pauline. « Ils ne vont quand même pas aller chercher nos documents en France ».

Malgré nos lacunes, nous sommes acceptées. Tous les cours aussi bien théoriques que les exercices pratiques de premiers soins sont enseignés en hébreu. Pauline qui a eu le temps d'apprendre la langue du pays avant de s'engager me dépanne souvent surtout au début. Avec le peu que je comprends du cours, j'écoute attentivement et transcris en alphabet latin ce que j'entends, ignorante de l'alphabet hébraïque. Puis je discute mes notes avec Pauline et lui demande ce que certains mots veulent dire. Par la suite, j'apprendrai assez rapidement à parler, mais la langue écrite me restera opaque.

Nous devons beaucoup à l'attitude favorable des instructeurs à notre égard. L'un d'eux en particulier, Stashek, d'origine polonaise, m'est acquis et m'aide quand j'ai des difficultés. À mon tour, je transmets à Pauline ce qu'elle doit savoir pour les examens de fin de cours. La peur de ne pas réussir nous obsède et nous craignons d'être envoyées au kibboutz pour y travailler la terre. Angoissées de ne pas comprendre aux examens les questions et surtout de ne pas en connaître les réponses, nous étudions sans répit.

« Comment se fait-il que nous voyons dans l'obscurité ? » Me demande-t-on.

Je fouille dans ma mémoire…

« Ce sont les vitamines dans les carottes qui nous permettent de voir la nuit. » Je n'ai aucune idée de la vitamine en question ni le pourquoi de son effet. Mais ils acceptent ma réponse. Quant à Pauline, elle a la chance d'être interrogée sur le seul sujet qu'elle a appris par cœur et qu'elle peut débiter en balbutiant.

Le cours nous demande de gros efforts de mémoire à cause de nos lacunes en hébreu. C'est sans aucun doute notre réputation de françaises, considérées *sexy* et cultivées, qui nous permet de réussir.

Au cours de ces six mois il nous arrive d'aller retrouver Jean stationné à Haïfa, en faisant de l'autostop ou des kilomètres à pied s'il le faut. Une fois nous marchons dans la rue en bavardant, quand deux soldates gradées nous arrêtent et nous réprimandent. « Votre béret est trop penché, vous portez du rouge à lèvres, (interdit), et vos chaussures sont poussiéreuses ! » Comment éviter la poussière dans un pays où le sol est sablonneux ? Là encore, nous échappons à une sanction parce que nous parlons français comme ces deux gradées.

Lors d'une de nos escapades, une voiture civile conduite par un vieux monsieur nous prend en autostop. Mais après quelques kilomètres le moteur prend feu. Nous nous extrayons aussi rapidement que possible du véhicule, jetant du sable sur les flammes qui commencent à l'envelopper. Tout à coup Pauline se rend compte qu'elle ne porte pas son béret et qu'il est resté sur le siège arrière. Elle se précipite pour le récupérer au risque de se brûler : il n'est pas question de se promener tête nue.

Pendant ces mois d'aventures et de proximité, Pauline me raconte comment elle était « montée » en Israël.

« En 1947, je me trouvais dans le home Manaster à Anvers, sous le patronage de deux diamantaires R.G. et M. – que l'on devait appeler Papa M., ce que je n'aimais pas dire – … et des soutiens financiers d'autres diamantaires et familles ; j'ai d'ailleurs appris bien plus tard que mon cousin Sam participait aux frais. J'allais au Lycée Bosquet, en uniforme bleu et blanc, gantée, etc. Du passé il ne fallait pas parler, il fallait aller de l'avant. De temps à autre je voyais des cousins. En 1949 la décision fut prise de fermer le home et d'envoyer la centaine d'enfants qui n'avaient plus de parents en Israël nouvellement reconnu, à moins que leurs familles désirent s'en occuper… Ma parenté consistait en cousins avec leurs soucis et l'oncle Simon Propper, frère de ma mère n'y songeait guère. Avec lui, cela ne s'était pas trop bien passé parce que je lui rappelais trop sa sœur. Donc, fini le lycée, et à la place, un cours de comptabilité qui me rendait très malheureuse, au point que ma sœur Hélène voulait que je revienne à Paris où elle se trouvait. Elle proposait de se marier avec un homme riche et vieux (elle avait vingt ans et lui trente !) pour que je puisse continuer mes études et bien sûr je devrais être parmi les meilleures Et cela je ne le voulais pas. J'avais seize ans, j'étais romantique, je me disais qu'un voyage au pays des orangers serait une belle aventure. Ces Messieurs M. et G. m'avaient promis un billet de retour si je ne m'adaptais pas au pays ou au climat. Nous n'étions pas du tout au courant de ce qui se passait en Israël, ni de son passé ni du présent... Ainsi, après des vacances au bord de la mer du Nord en septembre 1949 nous nous sommes retrouvés une soixantaine ou plus, petits et grands, à Marseille dans un lieu de vacances pour enfants près de la Cannebière... Nous les grands de seize ans, six filles et six garçons avons eu le temps de visiter le château d'If, des vacances prolongées..., car rien n'était prêt pour nous accueillir à Nitzanim en Israël non loin d'Ashkelon au moshav (village agricole) où nous devions partir les travaux n'étaient pas terminés... il n'y avait encore ni portes ni fenêtres dans les habitats en béton (oublions l'esthétique)... Je crois qu'en octobre, après quatre jours en bateau nous sommes arrivés à Haïfa... le Mont Carmel, je me souviens l'avoir visité avec un copain pendant que nous étions dans un camp d'attente entouré de fils barbelés, psychologiquement nul... cela me rappelait le camp de Rivesaltes en France près de Perpignan... »

Pour Pauline qui avait connu la signification des barbelés dans les camps pendant la guerre, c'est le retour de l'angoisse qu'elle croyait derrière elle : elle est de nouveau enfermée. Elle qui se réjouissait de cette « aventure merveilleuse » est choquée dès son arrivée au pays « des oranges, du miel et du lait. » Rien ne se passe comme elle l'avait espéré. Après les quelques jours au camp d'attente sur les hauteurs de Haïfa, ces jeunes qui comptaient avoir la vie facile et s'amuser en devenant libres et indépendants sont envoyés et intégrés à un *moshav* où une nouvelle déception les attend : on prévoit de marier les nouvelles immigrées à des *kibboutzniks* ! Arrivées au *moshav* Nitzanim, elles sont présentées à ceux qui cherchent à former un couple. Naturellement, Pauline se révolte. « Je ne suis pas venue ici pour être mariée ! » déclare-t-elle et incite les filles à faire des grimaces devant les jeunes candidats au mariage pour se rendre aussi laides que possible. Il ne faut surtout pas être choisie !

Au *moshav* les nouveaux venus doivent travailler. Pauline doit du jour au lendemain se mettre à nettoyer d'immenses casseroles ou faire de lourdes tâches ménagères et agricoles quatre heures par jour et suivre des cours d'hébreu le reste du temps. Elle n'en a pas l'habitude. Dans les homes qui l'avaient hébergée avant d'arriver en Israël, elle n'avait qu'à étudier pour terminer sa scolarité. De nouveau, c'est la révolte. Elle me raconte des anecdotes inoubliables : « Un de nos instituteurs Mr. G. ou Gld. nous suggére à Hilda, mon amie d'Anvers, et à moi d'aller à Jérusalem à l'hôtel King David, où le président belge Camille Huysmans est descendu... Nous lui offririons un beau bouquet de fleurs et j'en profiterais pour lui dire ce qui ne va pas à Nitzanim... Naïve, je ne suis pas consciente de l'effet d'une telle démarche vu la présence de journalistes... La rentrée n'est pas glorieuse... Une autre fois, nous avons la visite de nos bienfaiteurs belges Messieurs M. et R. G. à Nitzanim. Alors que je nettoie de grandes casseroles à la cuisine, je barbouille mon visage de suie et me montre à eux dans cet état en faisant mes revendications... R. G. me promet qu'une fois de retour à Anvers il me fera parvenir un ticket par avion pour Anvers : je l'attends encore. »

De toute évidence, ces jeunes sont déçus et en colère. Les conditions qui leur sont offertes au pays « du lait et du miel », n'ont rien de ce qu'ils attendaient, et Pauline n'a pas l'intention de se laisser faire. Ne sachant comment gérer ces révoltés, les responsables du *moshav* leur annoncent un jour « Puisque ce qu'on vous offre ici ne vous convient pas, vous pouvez partir et vous débrouiller tout seuls. » Renvoyés de Nitzanim, cette dizaine de filles et garçons âgés de dix-sept ans doivent se rendre à Petach Tikwa pour vivre dans des maisons de jeunes où ils seront séparés et devront trouver un emploi sur le « marché du travail. » Pauline, chargée de remettre une lettre cachetée à la direction de la nouvelle institution, ne peut s'empêcher de l'ouvrir et de lire : « jeunes gens turbulents, bien les tenir à l'œil ! ». « Il est vrai que nous avons crevé les pneus de la voiture venant d'Anvers qui devait nous emmener à Tel Aviv pour aller danser, alors que le directeur s'en est approprié… Nous avons aussi fait la grève de la faim pour dénoncer l'état de nos logements à moitié terminés…, sans portes ni fenêtres… nous allions dans les *pardessims* (orangeraies) nous approvisionner en oranges et en pamplemousses… à l'économat, nous allions chiper et vider des bouteilles de vin qui à notre grande déception avait tourné en vinaigre… »

Logée dans une maison communale avec d'autres jeunes, Pauline doit se débrouiller pour trouver du travail, sans formation et sans savoir l'hébreu. « On a été lâchés dans la nature ! Comme je voulais toujours devenir infirmière, j'ai réussi à me faire engager dans une institution qui traitait des patients avec des problèmes neurologiques. C'était horrible ! Je me souviens d'une femme très âgée au beau regard, complètement paralysée, d'un jeune homme belge qui se baladait tout nu et qui m'appelait hystériquement pour que je ramasse les objets qu'il jetait hors de son lit barricadé… il y faisait très chaud… Les comportements de ces patients, leurs cris me rendaient malade. J'en perdis l'appétit et le moral. Au bout de quelques jours, le médecin m'a dit gentiment « Pnina, vous devez chercher une autre occupation, votre place n'est pas ici... ». J'étais donc de nouveau sans argent et sans travail, angoissée, réalisant que la vie en Israël n'était pas aussi facile que je me l'étais imaginée.

Quelques jours plus tard, je prenais le bus pour Tel Aviv avec d'autres amis belges, quand quelqu'un nous a interpellés « Ici on parle hébreu ! »

– Mais nous ne le savons pas assez bien.

– Et bien, apprenez-le ! Alors un homme aux cheveux et à la barbe rousse m'a demandé d'où nous étions.

– De Belgique.

– Que faites-vous ?

– Nous cherchons du travail.

– Écoute, je travaille à la radio avec une collègue qui cherche une jeune fille pour s'occuper de sa fillette de quatre ans pendant qu'elle est au studio. Tu serais nourrie, logée et tu recevras un peu d'argent. J'étais sauvée... Une dame charmante m'a accueillie, sa petite fille était à croquer, son mari d'origine anglaise qui ressemblait à Clark Gable quitta bientôt le foyer conjugal. »

Pauline saute sur cette occasion et se retrouve chez Jenny, une Israélienne qui parle l'anglais et avec laquelle elle peut communiquer tant bien que mal dans cette langue pour l'avoir étudiée au lycée.

Pendant les mois qu'elle passe dans cette famille, elle suit des cours d'hébreu et de dactylo quand l'enfant est à l'école. « C'était au bord du Yarkon. Il y avait des barques et une prairie jonchée de pâquerettes au printemps juste devant la maison. Je croyais rêver. Enfin je retrouvais une certaine joie de vivre chez cette femme qui était merveilleuse. »

Comme toute jeune fille de son âge, Pauline rencontre et sort avec des jeunes gens, mais sans vraiment tomber amoureuse. Elle est aguicheuse et aime s'amuser, mais ne prend pas tout cela au sérieux. Une fois c'est un rouquin de *Kol Israël* (radio israélienne) qui lui fait la cour sans qu'elle y donne suite ayant été prévenue qu'il était marié et avait des enfants en France. Puis c'est le tour d'un beau garçon qui veut l'épouser, ce qui met fin à leur relation naissante, Pauline ne voulant en aucun cas s'engager.

Dans ce pays neuf, les célibataires doivent faire deux années de service militaire à l'âge de dix-huit ans ou choisir de se marier. Le moment venu, Pauline n'hésite pas et opte pour l'armée. C'est ainsi que dès le début de notre service nos chemins se sont croisés.

Après le cours d'aide infirmière, nous allons être affectées à des tâches différentes et à des camps aux deux extrémités du pays, donc séparées après notre complicité de presque une année. Je crois que Pauline en est plus touchée que moi, obsédée comme je le suis par Jean. Elle est envoyée comme infirmière dans un camp militaire en Galilée, au nord du pays. Deux soldates doivent s'y partager les responsabilités de l'infirmerie, alors qu'un médecin ne vient seulement qu'une fois par semaine. Sa collègue, pour avoir plus de congé, lui propose de travailler chacune à tour de rôle et Pauline accepte sans se rendre compte des conséquences d'une telle organisation.

Un beau jour Pauline se trouve donc seule à prendre toutes les décisions d'ordre médical, mais la vue d'un soldat qui se présente à l'infirmerie la pétrifie. Pourquoi est-il venu ? Saura-t-elle diagnostiquer son mal ? Saura-t-elle quels soins lui donner ? Quand un soldat vient avec une morsure de serpent ou de scorpion, saura-t-elle reconnaître si la morsure est venimeuse ou pas ? Elle ne se sent pas à la hauteur de sa tâche. Le camp étant dans une région marécageuse, les moustiques y propagent la malaria, et Pauline craint d'en devenir elle-même victime. Dès qu'elle a le moindre doute sur certains problèmes et les soins à donner, elle s'adresse au chef du camp pour obtenir l'autorisation de faire appel à l'hôpital le plus proche. Elle n'en dort pas les nuits et passe les journées à attendre la catastrophe, imaginant les conséquences d'une piqûre de scorpion ou de serpent venimeux. « On me laissait seule dans un camp à affronter des situations auxquelles je n'avais encore jamais fait face. Je priais que personne ne meure pendant mon service… l'idée de devoir soigner une blessure ou une hémorragie me paralysait. » Elle ne peut plus supporter cette situation et fait tant et si bien qu'elle finit par être mutée là où elle sera assistée par des professionnels expérimentés.

Quant à moi, je voyage à travers le pays, de camp militaire en camp militaire avec un groupe de trois autres gradés pour enseigner les premiers soins à de nouvelles recrues. Notre activité paraît attrayante, car nous voyageons en jeep découverte accompagnés d'un chauffeur et visitons ainsi tout le pays. Suite à notre cours nous faisons maintenant partie du corps médical de l'armée et j'arbore fièrement son insigne sur mon béret et mes gallons de sergent sur ma manche droite. Quand un soldat moins gradé que moi me croise dans la rue, il doit faire le salut militaire. Je me sens très importante ! Ma mission est d'apprendre à des garçons venus du Moyen Orient ou d'Afrique du Nord à panser des plaies, à poser des garrots ou à dispenser d'autres premiers soins aux blessés. Les démonstrations de ces manipulations impliquent un contact physique avec ces jeunes qui se rebiffent et résistent à tout attouchement venant d'une fille, quitte à subir des sanctions. Dans ce contexte particulier, ma tâche est délicate et j'ai souvent de la peine à me faire obéir malgré mon grade.

En tant que soldats nous nous déplaçons presque uniquement en autostop. Il y a d'ailleurs des points de ramassages où les soldats forment une queue en attendant qu'une jeep ou un camion militaire les transporte vers leurs destinations. Les voitures privées nous « ramassent » aussi, comme celle du vieil homme qui avait pris feu.

Quand Pauline a quelques heures de liberté, elle vient en stop là où je me trouve. Même lorsque je passe une semaine dans le désert du Néguev sous une chaleur torride, pour me rejoindre Pauline brave les éléments qui la font tant souffrir. Elle se souvient de ce qui lui est arrivé une fois en rentrant au camp de Haïfa où j'avais été mutée « Lorsque je repars à contrecœur après t'avoir rendu visite à l'hôpital où tu travaillais, j'attends plus longtemps que d'habitude qu'une voiture me prenne en autostop et elle finit par me déposer plus tard que prévu à une certaine distance du camp. Comme tu sais, mon camp est tout près de la frontière syrienne, les Arabes nous tirent dessus et je dois encore faire une partie du chemin à pied, quand la nuit qui tombe brusquement en Israël, me surprend. Et tout à coup j'entends une voix qui hurle : « Qui va là ? » suivi d'un coup de *sten* tiré en l'air. Prise de panique, je m'aplatis sur la route et m'écrie : « C'est moi, Pnina… ». Quand finalement j'atteins le camp le cœur toujours battant, j'ai droit à un sermon. Je dois avouer que j'ai pris un gros risque en revenant seule à pied de nuit. C'était l'horreur ! »

Vers la fin de mon service je me trouve donc enfin dans un hôpital militaire à Haïfa où je travaille comme aide infirmière. C'est ce que j'ai ardemment désiré, car l'unité dans laquelle Jean se trouve y est stationnée. Nous pouvons sortir le soir et nous retrouver quand nous ne sommes pas de garde et Pauline nous rejoint de là où elle est. Malgré notre maigre solde militaire, nous profitons de ces moments de liberté dont je garderai un souvenir lumineux.

Par un hasard inexplicable, nous nous retrouvons tout les trois hospitalisés en même temps dans ce même hôpital. Jean a des problèmes intestinaux, moi, une verrue au creux de la main droite qu'on a excisée, quant à Pauline, elle s'y trouve également, car arrivée fiévreuse, on soupçonne, heureusement à tort, un début de malaria. Pourtant, dans mon souvenir ce séjour a un goût de vacances insouciantes et joyeuses. Nous sommes ensemble, nous sommes pris en charge, libres de nous promener dans l'immense parc qui entoure l'hôpital, sans responsabilités et loin de la discipline militaire. Les raisons qui nous ont amenés à l'hôpital ne nous inquiètent pas le moins du monde. Pour Jean, ce sont peut-être les prémices de la maladie qui va se déclarer deux ans plus tard.

Après mes deux années de service, le rêve auquel je n'ai osé croire, se réalise : je me marie avec Jean, en présence d'un rabbin, comme c'est la loi en Israël, et de deux témoins. Pauline n'assiste pas à ce grand jour, mais par la suite elle viendra souvent nous rendre visite à Tivon, une agglomération proche de Haïfa, où nous logeons à côté de nos amis Rachel et Sacha. Jean, encore mobilisé, rentre tous les soirs et nous y passons des moments de légèreté et de fous rires.

Cependant, depuis un certain temps déjà nous parlons de quitter Israël. Jean et moi espérons retourner en Suisse et Pauline compte sur les médecins en France pour faire soigner l'érysipèle à sa jambe qui venait d'être diagnostiqué. Sous ce climat sub-tropical, l'infection au streptocoque du système lymphatique la terrasse de poussées de fièvre et enfle sa jambe endolorie qui devient rouge écarlate. Seuls les antibiotiques la sauvent, en jugulant ses crises fiévreuses.

Comme nous avons perdu notre nationalité d'origine pendant la guerre, devenant ainsi apatrides, nous sommes heureux d'obtenir la citoyenneté israélienne. Mais pour quitter le pays, il nous faut un passeport que le gouvernement n'accorde aux nouveaux immigrants qu'après leur service militaire. Seul ce document, accompagné d'un visa, nous ouvre les portes d'autres pays, et ces procédures demandent du temps et beaucoup d'argent. En attendant de commencer une nouvelle vie, nous rêvons de l'avenir plutôt que de penser à notre passé, surtout Pauline pour ne pas évoquer ses souvenirs douloureux. Un jour elle m'a avoué :

« Tu sais, c'est seulement après l'armée que j'ai pleinement pris conscience du fait que j'étais orpheline et que je ne pouvais compter que sur moi-même. »

Le retour en Europe de Pauline

Été 1955. Pauline obtient ses papiers et un visa de tourisme de trois mois pour la Suisse, heureuse et soulagée de quitter Israël. Jean et moi nous l'attendons à Genève où nous sommes installés depuis deux ans et où notre fille Dani est née. Pauline espère un jour être réunie avec sa sœur en France, réchappée elle aussi de la Shoah. C'est tout ce que je sais de son histoire. Elle doit arriver par le train de Milan après avoir débarqué à Naples, mais nous serons absents. Comme Jean, déjà malade et affaibli par son traitement aux rayons, continue à travailler, son médecin lui a en effet recommandé du repos. Nous allons par conséquent partir deux semaines aux Iles Baléares et confions notre fille à sa tante à Genève. C'est d'ailleurs elle qui nous offre ce voyage que nos moyens ne nous permettraient pas.

Très ennuyés de ne pas être là pour accueillir Pauline, nous en parlons à Guy, l'ami de Jean. Les deux jeunes garçons se sont connus pendant la guerre dans le home des Murailles près de Genève et leurs études de techniciens les avaient rapprochés. À notre retour d'Israël cette amitié s'est encore approfondie.

« Je peux aller la chercher à la gare et elle pourra dormir chez moi jusqu'à votre retour, ma mère sera sûrement d'accord » suggère Guy. C'est bien lui, toujours prêt à rendre service et sur lequel nous pouvons compter. Il nous promet même de prendre congé du labo un après-midi pour aller l'accueillir.

« Donnez-moi le jour et l'heure et je me trouverai sur le quai où le train arrive. Dites-moi quand même de quoi elle a l'air ». Je lui décris mon amie : petite, rouquine, un peu boulotte, à la lourde chevelure auburn frisée, le visage couvert de tâches de rousseurs, probablement en pantalons ou en jupe longue.

Nous sommes soulagés et reconnaissants tout en restant un peu mal à l'aise de ne pas nous trouver là quand Pauline descendra du train et d'imposer cette responsabilité à Guy, craignant surtout qu'ils ne se trouvent ou ne se reconnaissent pas. Ce concours de circonstances a pourtant un côté positif. Timide, Guy à vingt-sept ans est sans compagne et souhaite se marier pour devenir indépendant de sa mère. Nous nous disons qu'ils se plairont peut-être et se lieront d'amitié.

Quand nous rentrons de vacances, bronzés et le cœur léger, impatients de retrouver notre petite Dani, Guy nous ramène Pauline et ses valises. Tout s'est bien passé, nous rassure-t-il et nos retrouvailles sont pleines de joie. Pauline me raconte qu'arrivée à la gare de Genève, elle était chargée de trois valises et, fatiguée de son long voyage, se demandait comment les transporter. Mais le pire était qu'elle ne me voyait nulle part. « Je te cherchais et à ma grande angoisse, pas de Lucienne à l'horizon, lorsqu'un jeune homme sympathique m'a accostée et m'a demandé « vous êtes Pnina l'amie de Lucienne qui arrive d'Israël ? » Il s'est présenté : « Je suis Guy l'ami de Jean et Lucienne. Ils m'ont demandé de venir vous chercher, car ils ne sont pas encore revenus d'Espagne. » Le cœur battant, j'ai répondu que j'étais bien Pnina, Pauline Rotkopf, et lui étais reconnaissante d'être là. Intimidée et mal à l'aise, j'attendais ce qu'il allait me proposer.

« Nous allons déposer vos valises chez nous où vous pourrez loger en attendant leur retour. Je vais vous présenter à ma mère avec laquelle je vis, puis nous irons au resto. Vous devez avoir très faim » Et me voilà devant sa belle voiture décapotable bleue. J'étais très impressionnée..., je me disais que j'avais de la chance d'être accueillie de cette manière... Il m'emmena dans un beau restaurant. Il y avait longtemps que je n'avais aussi bien mangé. J'étais au zénith. Guy étant amusant, gentleman et très gentil, je reprenais espoir d'un renouveau dans cette belle ville de Genève. » Pauline n'arrête pas de chanter les louanges de Guy ainsi que de sa mère dont la gentillesse la touche aussi. J'imagine l'impression de la décapotable sur Pauline. Elle ne sait pas que Guy l'a acquise en piteux état et à peu de frais avec les économies de ses premiers salaires. Bricoleur dans l'âme, il avait passé son temps libre à la remettre en état de marche et à la bichonner pour lui donner son allure rutilante.

Pauline me raconte qu'après notre départ d'Israël, elle a eu la chance de rencontrer à Tel Aviv un jeune juif allemand au caractère entreprenant qui photographiait des enfants et qui lui a proposé de travailler avec lui. Le rôle de Pauline était de se présenter comme journaliste photographe auprès de familles prévenues de son arrivée, promettant aux parents d'envoyer ces clichés aux États-Unis et de faire de leurs bambins des célébrités qui rapporteront des dollars. Cette idée ingénieuse et lucrative – quoique trompeuse – a permis à Pauline de mettre suffisamment d'argent de côté pour payer sa traversée vers l'Europe car « les promesses qui m'avaient été faites en Belgique de me payer mon retour si je voulais rentrer avaient été des paroles en l'air ». Pendant les deux ans qu'il lui a fallu pour arriver à son but, Pauline passait son temps libre à s'amuser. Elle fréquentait des jeunes gens, sortait, allait danser. « Quand un bel Alsacien de vingt-sept ans m'a fait la cour, flattée de l'attention que cet homme à succès me portait, je me suis dit que c'était le moment d'avoir un amant et je me suis laissée séduire. Je l'aimais bien, sans plus, et comme avec les autres j'ai coupé court à notre relation. » conclut-elle.

Après avoir passé deux semaines chez nous sur le canapé du salon, Pauline trouve un petit boulot au noir. Sa situation est précaire, car en tant qu'israélienne, il lui est impossible d'obtenir un permis de travail en Suisse. Si Jean a fait exception, c'était qu'il a séjourné des années en Suisse pendant la guerre et qu'il a bénéficié de soutiens d'amis suisses. Un permis de séjour pour étranger comme le sien est renouvelé d'année en année et seulement à condition d'être embauché par une entreprise suisse qui doit prouver son besoin d'un spécialiste difficile à trouver parmi les Suisses. Sa place d'ingénieur en électronique est incertaine. Il rentre souvent tard et parfois retourne au labo les dimanches, inquiet de perdre son travail et par conséquent son permis de séjour. Je me sens délaissée de l'avoir si peu pour moi. Je ne travaillais pas à cette époque où la plupart des mères restaient au foyer et s'occupaient du ménage et des besoins quotidiens de leur famille.

Grâce à l'appui financier de proches et de ma mère à Paris, nous avons la chance d'habiter un appartement moderne au cinquième étage avec balcon et vue sur l'Arve. Je confectionne rideaux, couvre-lit, coussins pour orner le canapé du salon, petits draps pour le lit de Dani sur la machine à coudre électrique reçue en cadeau de mariage. En fait, je couds la plupart des petits habits de ma fille avec des coupons trouvés *Chez Joseph,* magasin de tissu par excellence à Genève. Je tricote aussi pulls, gants, bonnets et écharpes pour toute la famille les soirs lorsque, assis à la table de la cuisine, Jean reste penché sur ses problèmes de labo. Mes journées sont pleines, entre ma petite fille que je promène quotidiennement pour « lui faire prendre l'air » dans sa poussette au Parc des Bastions, le ménage, la lessive, les courses au marché ou dans une épicerie du coin, la cuisine. Le déjeuner est toujours prêt quand Jean rentre autour de midi et qu'il n'a que peu de temps pour se restaurer.

Grâce à la maman de Guy, mon amie trouve un emploi au noir. « J'ai une chambre chez un couple dont le mari est conducteur de tramway, ce qui me rappelle Anvers en Belgique, ma ville natale. Je m'occupe de deux bambins, les promène le long du lac Léman. » me raconte Pauline. Mais un jour qu'elle gardait les deux enfants, le téléphone sonne et on lui demande si elle s'appelle Pauline Rotkopf. Étonnée, elle répond par l'affirmative. « Travaillez-vous à cet endroit ? » Spontanément, elle dit : « Non, je suis en visite » et elle demande qui est au bout du fil. « C'est le contrôle des travailleurs au noir. » Son cœur bat la chamade et le soir elle raconte au couple qui l'emploie ce qui lui est arrivé. Ces derniers arrangent la situation et la tranquillisent. Mais par la suite ils lui feront comprendre que cette situation ne peut durer. Pauline est sauvée dans l'immédiat, mais doit se faire à l'idée de replier bagage. Elle fait alors une demande de visa d'entrée en France où se trouve sa sœur.

Pendant que Pauline attend ses papiers, elle revoit Guy à plusieurs reprises chez nous où nous passons parfois des soirées ensemble. Comme nous sommes tous fauchés, pendant que je suis à la cuisine à m'occuper de Dani ou à préparer le dîner, les trois autres se cassent la tête pour trouver moyen de faire fortune, et résoudre nos problèmes financiers. Ils déclarent que la seule manière de devenir riche est d'inventer un produit: par exemple, un cirage qui brillerait sans devoir être poli ? Un gadget qui ne demanderait pas de tire-bouchon pour ouvrir les bouteilles de vin ? Obtenir un brevet quelconque et le lancer sur le marché, devient un rêve. La fortune serait ainsi faite! C'est l'excitation au salon. Je me souviens d'avoir été contrariée de ne pouvoir participer à leurs élucubrations, montrant ma mauvaise humeur en faisant la tête le reste de la soirée. Pendant que je les entendais rire dans le salon, je m'évertuais à faire manger ma fille, préparais le gratin de pâtes pour le dîner, et surveillait la lessive des langes qui bouillait sur le réchaud à gaz.

Tant que Pauline est à Genève, nous restons encore pleins d'espoir pour elle et Guy: « Tu devrais accepter ses propositions, et si vous vous mariez tous tes problèmes seraient résolus… Tu obtiendrais un permis de séjour, un passeport, tu pourrais rester ici, on ferait du tennis à quatre, on partirait en balade, en vacances ensemble. » Rêves de jeunesse…

– Tu vois, je ne suis pas prête à m'engager, même si je n'ai pas envie de vous quitter. »

Je sais que Pauline m'est très attachée et veut rester près de nous, mais elle m'avoue que les raisons que je lui donne ne sont pas suffisantes pour se marier. Depuis l'appel du contrôleur du travail au noir, un malaise règne dans la famille où Pauline travaille et elle n'est plus tranquille. Dès que possible, elle reprend ses pérégrinations, cette fois vers les Alpes Maritimes, chez des amis de sa sœur. « Comme la juive errante, je me remets en route… Le séjour en Suisse me fut bénéfique, et Guy m'a beaucoup impressionnée… Il s'est occupé de moi comme s'il me connaissait. Il doit être un type drôlement bien. » m'assure Pauline avant de nous quitter. Pourtant elle ne regrette pas de l'avoir éconduit.

Juste avant son départ de Genève, elle me raconte le regard en coin : « Tu sais Guy m'a fait une cour ardente à mon arrivée. La première nuit que j'ai passée chez lui, il s'est assis sur mon lit et m'a fait comprendre que nous pourrions être heureux à deux… Pour ne pas l'encourager, je lui ai dit que mon but était de : primo faire soigner ma jambe, dont l'érysipèle chronique attrapé en Israël me faisait souffrir, puis d'aller à Paris, afin de suivre un stage professionnel et être indépendante. Je ne désirais nullement me marier et pour mettre court à cette situation gênante, je lui ai dit que je voulais garder ma virginité jusqu'au mariage. Il est très sympathique votre ami, mais je ne peux me lier à personne en ce moment. Tout ça est trop nouveau. » Connaissant Guy, nous avons de la peine à nous l'imaginer faisant une cour aussi explicite à une jeune femme qu'il vient de rencontrer.

Après son départ, nos contacts se sont espacés et ont fini par s'interrompre. Jean étant gravement malade, mon monde se rétrécit et Pauline de son côté doit avoir ses propres soucis. En 1959, Jean décède et trois ans plus tard je pars avec ma fille, mariée à un étudiant américain qui rentre aux États-Unis après ses études. Avec mes attaches au vieux continent, je continuais à venir régulièrement en Europe surtout pour voir ma mère vieillissante et malade à Paris et revoir mes amis à Genève.

Vingt ans plus tard, Pauline à Washington

Été 1978. En m'arrêtant à Genève lors de mes visites chez ma mère à Paris, je parle souvent de Pauline à mes amis. Tous sont impressionnés par nos exploits et me posent des questions sur elle et sur ce qu'elle est devenue. Je leur avoue que nous nous sommes perdues de vue après son retour en Belgique, et que je voudrais la retrouver mais sans savoir comment m'y prendre. Pendant mon court séjour, je suis cette fois-là invitée à la Bar Mitzva du fils de mon amie Claire avec laquelle j'avais été proche quand j'habitais Genève. Parmi les nombreux invités à la fête, elle me présente un Mr. W. d'un certain âge :

« Ce monsieur pourra peut-être te conseiller pour retrouver ton amie. Il vient de Belgique et y connaît du monde dans la communauté israélite. Je vous laisse pour en parler tranquillement.

– J'ai entendu dire que vous recherchiez quelqu'un en Belgique. Comment s'appelle-t-elle ?

– Rotkopf, mais je ne sais pas si c'est encore le cas maintenant, car je l'ai connue quand nous avions vingt ans. Elle est peut-être mariée et il est possible que son nom ne soit plus le même.

– Hm… ce nom ne me dit rien. Mais je peux me renseigner auprès de la communauté et je pourrais aussi placer une annonce de recherche dans une revue juive belge. Depuis la guerre bien des Juifs se sont retrouvés de cette manière. »

J'accepte avec reconnaissance mais sans trop d'espoir et lui donne le nom et l'âge de Pauline, seules informations que je possède. « Pourquoi pas ? Qu'est-ce que je risque ? » me dis-je.

En octobre je suis de retour à Washington et trouve dans ma boîte aux lettres une enveloppe munie d'un timbre-poste belge couverte d'une écriture familière. L'expéditeur au dos: Pauline R. J'en perds le souffle ! Les mains tremblantes, je déchire l'enveloppe n'importe comment :

« Chère, chère Lucienne, depuis quelques jours tu fais partie de mes pensées les plus chères… tant d'années ont passé depuis nos derniers contacts… je ne sais où commencer… Combien de fois n'ai-je regretté d'avoir perdu ta trace… mais aussi impensable que ce soit, je ne me souvenais pas de ton nom de famille… Quant aux années passées ensemble et à cette période de ma vie, cela non je ne l'avais pas oublié… un souvenir merveilleux. P »

Je reprends mes esprits, lis et relis le contenu de cette lettre de six pages. Pauline écrit qu'elle vit avec son amie Monica dans une ferme à Poesele, un village près de Gand. Elle mentionne ses débuts difficiles en Belgique, ses problèmes de santé, son travail au noir pour survivre jusqu'à l'obtention de la nationalité belge en 1958. Elle se demande de quoi j'ai l'air, ce que je fais, ayant le souvenir d'une jeune femme active et ambitieuse. Comme elle a l'intention de se rendre aux États-Unis pour retrouver de vieux cousins qui y ont émigrés, elle espère que nous pourrons nous y revoir ou en Europe lors de mes prochains séjours. *Ce serait miraculeux si nous pouvions nous rencontrer à cette occasion*, écrit-elle.

Après plus de vingt ans de silence et de questionnements, je suis aussi excitée qu'elle et m'empresse de répondre que je serais heureuse de l'accueillir dans notre maison près de Washington où je vis avec mon mari ; ma fille étudiante à l'université n'habite plus avec nous. Quelques semaines plus tard elle m'annonce sa visite le printemps suivant « impatiente tout en étant anxieuse de te décevoir ». Je retrouve bien Pauline, si peu sûre d'elle-même à mon égard, alors qu'elle savait se débrouiller beaucoup mieux que moi pour survivre dans les conditions ardues de notre service militaire.

Début avril, j'apprends qu'elle sera à New York dans une semaine et me téléphonera une fois arrivée chez sa cousine Hélène où elle passera trois jours. Un soir son coup de fil m'indique le jour et l'heure de son atterrissage à l'aéroport de Washington ainsi que son numéro de vol. Son accent belge me frappe. Je ne m'en souvenais pas, à moins qu'il soit devenu plus prononcé après ces années.

« Je serai aux arrivées des vols de New York à National Airport » À l'époque il était encore possible d'attendre les passagers à leur descente d'avion. « On va se reconnaître tu crois ? »

« Sûrement » répond Pauline. « Maintenant que j'ai ta photo, je vois que tu n'as pas tellement changé et tu ne fais pas ton âge.

– Attends de me voir en chair et en os.

– Et moi donc ! » Et nous partons d'un grand éclat de rire qui nous ramène à notre époque héroïque. La glace est rompue. Je sais que je retrouverai la Pauline que j'avais connue.

À l'aéroport, je regarde le tableau des arrivées. Son avion est à l'heure et je me dirige vers le terminal de la navette entre New York et Washington. D'autres personnes y attendent déjà des passagers, et je vois par les grandes baies vitrées l'avion se poser en douceur. Bientôt les portes de l'appareil s'ouvrent et les voyageurs descendent la passerelle. Quand ils pénètrent dans le hall, je scrute chaque visage espérant reconnaître celle que je n'avais plus revue depuis si longtemps. Sa tête de rouquine qui balaie des yeux ceux qui attendent attire mon regard. Dès qu'elle m'aperçoit, son visage s'éclaire d'un grand sourire. Nous nous jetons dans les bras l'une de l'autre, avant même de dire un mot. Puis, nous relâchant nous nous examinons de pied en cap.

« C'est pas croyable… C'est pas croyable…, je n'arrive pas à croire que c'est bien toi. Je me souvenais de toi plus grande et moins fragile » annonce Pauline en continuant à me scruter. « Toi aussi tu me parais plus petite » et nous rions de nouveau. Je m'empare de son sac de voyage et me dirige vers la sortie.

« Tu sais comment j'ai su que tu me recherchais ?

– Vaguement, mais raconte ! » Tout en marchant vers ma voiture garée au parking le plus proche, Pauline se met à expliquer :

« Une connaissance de mon amie Monica, un antiquaire, Marcel, pour lequel elle restaurait des tableaux, lui a dit un jour avoir vu dans une revue juive que quelqu'un essayait de me retrouver. Lorsque j'ai lu l'annonce et que je me suis rendue compte que c'était toi, j'étais folle de joie. Comment avais-tu fait ? » Et je lui raconte ma rencontre providentielle avec M. W.

Tandis que nous roulons sur l'autoroute à six voies dans ma Fiat, Pauline m'annonce de but en blanc : « Tu sais, je suis gay. » Il me faut quelques instants pour saisir ce qu'elle vient de me dire. Mais sa nouvelle, une fois intériorisée, me surprend à peine sachant qu'elle n'est pas mariée et ne l'a jamais été. Je comprends alors que la femme avec laquelle elle vit à Poesele est sa compagne.

Pauline m'a lancé ces cinq mots comme si elle devait se libérer du secret qu'elle n'avait pas partagé avec moi dans ses récentes lettres. J'imagine sa crainte de l'effet qu'aurait sur moi cette nouvelle, *de me décevoir* comme elle dit, de sa crainte que je prenne mal son mode de vie sexuel, sans pouvoir s'en justifier par écrit.

Après un court silence Pauline reprend : « Tu te souviens, comme je t'étais attachée à l'armée ? En ce temps-là, je ne réalisais pas que j'étais plus attirée vers les femmes que vers les hommes. Mais bien plus tard, je me suis dit que ce n'était pas de l'amitié pure, mais plutôt un genre d'amour platonique. Tu ne t'en rendais pas compte ?

– Je ne me suis jamais posé la question.

– Quand je pense aux trajets que je faisais en stop juste pour te voir de courts moments… »

Tout ce qu'elle m'a tu et vient de m'avouer me

remue. Je repense aussitôt à notre amitié datant de nos années en Israël. Le souvenir de sa loyauté et de son dévouement infaillibles me reviennent. Les trajets qu'elle vient d'évoquer pour ne me voir qu'un court moment, tels que je les aurais faits pour voir Jean, auraient pu éveiller en moi des questionnements. Mais j'étais naïve et obnubilée par ma relation avec mon grand amour. L'amitié entre Pauline et moi était une évidence, et son attachement à mon égard ne pouvait représenter qu'une grande affection entre jeunes filles. J'étais si inexpérimentée qu'il ne me serait pas venu à l'idée qu'il pouvait cacher ou être empreint d'autres sentiments.

« Voilà pourquoi tu n'es pas mariée. Remarque que si tu avais pris le nom d'un mari nous ne nous serions peut-être pas retrouvées. » Après quelques secondes je demande : « Alors, qui est cette Monica avec laquelle tu partages ta vie ?

– Monica est artiste peintre, poétesse, et elle restaure des tableaux. Si je vis à la campagne, c'est grâce à elle. Depuis notre rencontre nous habitons ensemble dans la ferme de Poesele que Monica a transformée en atelier. C'était la première fois que je tombais follement amoureuse, et c'était d'une femme. »

Après la demi-heure de voiture depuis l'aéroport,

nous arrivons chez nous où Pauline s'extasie sur notre maison, le jardin qui l'entoure avec ses arbres aux fleurs bourgeonnantes de cette saison, et le terrain boisé à l'arrière qui nous protège des voisins.

« Un vrai paradis !

– D'une certaine manière. Mais je préférerais vivre en ville et ne pas dépendre de la voiture, comme c'est le cas ici.

– C'est pareil chez nous. Mais ça ne me dérange pas. Comme je ne dois plus travailler, je ne m'en sers pas souvent et suis contente de pouvoir rester tranquille. »

Je montre à Pauline la chambre de Dani où elle va dormir et dans laquelle je dépose son sac de voyage. Puis je propose de nous faire une tasse de thé. « Ok, j'ai très soif. » Elle me suit à la cuisine pour continuer à bavarder pendant que je prépare la théière et sors les *cookies*. Nous avons largement le temps de nous raconter avant qu'Henry ne rentre ce soir exceptionnellement tôt du travail pour qu'ils fassent connaissance et pour dîner ensemble. En l'attendant, nous nous installons au salon dans les mêmes petits fauteuils rouges qu'elle a connus à Genève. Pauline reprend :

« Monica vit surtout de son travail de restauration mais arrive quand même à vendre son art. » Je l'arrête : « Attends... Attends... Rappelle-moi, comment as-tu fini par aboutir en Belgique ? Tu voulais être en France près de ta sœur. »

En quittant Israël en 1955 Pauline espérait effectivement rester en France pour faire soigner son erysipèle par des spécialistes et parce que sa sœur céramiste y vivait avec son mari sculpteur et leurs deux petites filles Tatout et Nani. Mais après prolongations sur prolongations de son permis de séjour de tourisme, au bout une année elle apprend qu'elle ne peut plus rester en France et doit trouver une solution pour ne pas retourner en Israël. Alors l'OSE (Œuvre de Secours aux Enfants) vient de nouveau à son secours. « Où es-tu née ? » lui demande la responsable quand Pauline lui explique la situation. « En Belgique. » « Alors pourquoi ne pas retourner là-bas et obtenir la nationalité ? Tu y aurais tous les droits. »

« C'était une solution miraculeuse à laquelle je n'avais jamais pensé, vu que ma sœur était en France. Je suis donc partie à Anvers avec un visa de tourisme comme elle l'avait suggéré, et j'ai commencé à faire des démarches pour obtenir ma nationalité belge. Avec l'aide de la communauté juive, j'ai fait appel à Me Van H. avocate qui s'est chargée de mon dossier. En attendant des résultats, j'ai vécu dans une chambrette au fond d'une arrière-cour d'un restaurant juif, un endroit sombre, infect et miséreux dont je me gardais bien de parler à mon patron, un diamantaire qui avait bien voulu m'engager au noir. Il l'avait fait sur des recommandations et la promesse que j'aurai bientôt la nationalité belge. Cet homme m'a permis de survivre. J'ai travaillé chez lui 16 ans, et j'ai appris le métier en montant les échelons des responsabilités.

– Tu ne dois plus travailler maintenant ?

– Avec la pension d'invalidité que j'ai enfin obtenue à cause de mon erysipèle, j'ai la sécurité dont j'ai toujours manqué et rêvé. Maintenant, avec l'argent que je reçois chaque mois je n'ai plus peur de mourir de faim demain. Ce n'est pas grand-chose, mais suffisant pour vivre à ma guise, me lever quand j'en ai envie, me laisser aller à ne rien faire, admirer la nature autour de moi, les champs de maïs, de pommes de terre, de betteraves..., m'installer dans une chaise longue et lire au soleil entourée de nos six paons, canards de barbarie, poules, coqs, sans oublier nos chats... Je suis si soulagée d'être loin de ma vie citadine... Je me suis même acheté un métier à tisser d'occasion et je me suis mise au tissage. J'en avais toujours eu envie. Je joue aussi de la flûte, et puis je fais du théâtre Yiddish. Cela t'étonne peut-être, mais le yiddish est très évocateur pour moi. Enfin, comme tu vois, j'ai toutes sortes d'activités dont je rêvais et que je ne pouvais jamais me permettre auparavant. »

Une question me taraude :

« Comment as-tu connu ton amie ?

– Ah, c'est toute une histoire. C'est en septembre 1969 que j'ai rencontré Monica à Gand par un ami gay, un hollandais qui se travestissait et mimait très bien Marleen Dietrich au cabaret… Je voulais me distraire, car depuis un mois j'avais retrouvé ma liberté… J'avais mis fin à une relation de dix ans avec Hélène ma « kinésithérapeute » dont j'avais choisi de partager ma vie plutôt qu'avec Élie, un radiesthésiste, qui m'avait aidée à traverser une période très difficile… Hélène était gay, je ne m'étais même pas posé la question. Elle me faisait sentir que je lui plaisais et qu'elle voulait me faire oublier ce que je venais de vivre… Elle m'a beaucoup aimée, donné le courage de continuer, l'occasion de partir en vacances, etc. Mais je me sentais étouffer et voulais vivre autre chose, rencontrer d'autres personnes, des artistes, des intellectuels, aller au théâtre, au cinéma, aux concerts, etc. Je l'aimais bien sans plus, alors que de Monica je suis tombée amoureuse, ce qui ne m'était encore jamais arrivé avec personne… Là, j'ai fini par reconnaître que les femmes m'attiraient bien plus que les hommes.

– Je comprends maintenant que tes relations et liaisons avec les hommes en Israël n'aient jamais été amoureuses. C'était plutôt le besoin d'être comme les autres filles de ton âge, je suppose.

Après quelques minutes de silence pendant lesquelles nous avalons les dernières gorgées de notre thé devenu froid, Pauline demande : « Est-ce qu'il nous reste encore un peu de temps avant qu'Henry ne rentre ? » Je jette un coup d'œil à l'horloge sur la cheminée.

– Il est près de 19h. Nous avons encore une bonne heure avant son retour et il apportera un *carry out* chinois. Je n'ai rien à préparer à la cuisine. Tu es fatiguée et voudrais te reposer un peu peut-être ?

– Non, non, c'est plutôt que j'aimerais encore te parler de quelque chose pendant que nous sommes seules. Peu de personnes sont au courant de cette histoire, mais je veux que tu la connaisses. »

Je suis curieuse de savoir ce que Pauline a encore vécu et qu'elle a dû cacher.

« Je nous sers un jus de fruit ou un apéritif, ou préfères-tu faire un tour au jardin pour parler ?

– Ma jambe me fait un peu mal. Restons ici. On est bien dans ton salon baigné du soleil couchant et entouré d'arbres. C'est paisible chez toi.

– Je me verse un scotch. Et toi ?

– Un jus d'orange, avec un doigt de gin, si tu en as ? »

J'apporte les boissons sur un plateau rond, accompagnées de crackers et de cacahuètes pour grignoter en attendant de dîner.

« À nos retrouvailles ! » Et nous levons nos verres avant de tremper nos lèvres dans notre *drink*. Je ne sais pas à quoi m'attendre, mais je m'installe sur le canapé face à Pauline les jambes surélevées sur le pouf en cuir rouge.

« Comme tu sais, pendant mes premières années en Belgique j'ai eu des relations et des liaisons hétérosexuelles. Pendant plusieurs mois je suis sortie avec un homme de vingt-sept ans, un Français qui s'appelait R.B. et qui se prétendait célibataire. Je suis tombée enceinte. Naturellement, je ne voulais pas garder l'enfant. On était début 1957 et à l'époque l'avortement était strictement interdit et punissable. Quand mon amant a appris que j'attendais un enfant, il m'accompagnait pour essayer de trouver quelqu'un qui serait d'accord d'interrompre la grossesse. Au troisième mois il s'est avéré que l'intervention était impossible, car mon utérus était rétro versé. Après plusieurs consultations sans succès, R. B. a baissé les bras et m'a dit : « Tu n'as qu'à t'adresser à ton rabbin et si non, va voir les Témoins de Jéhovah, eux, ils t'aideront ! » Se rendant compte que je devrais garder l'enfant, c'est le moment qu'il a choisi pour m'avouer qu'il était marié et que son troisième enfant venait de naître... Tu peux imaginer mon choc ! A partir de là il n'a plus jamais donné signe de vie. En colère et déçue, j'ai déchiré toutes ses lettres d'amour. Je ne voulais plus avoir affaire à lui, pour épargner sa femme. Et pourtant, un jour je me suis présentée à son domicile à Schaarbeek et c'est sa mère qui m'a ouvert la porte. En entendant mon nom, elle m'a insultée disant que j'avais séduit son fils. « Sale juive ! » me lança-t-elle. Offusquée, je lui ai répondu : « Vous qui êtes bonne chrétienne, je ne pense pas qu'il y aura une place pour vous au Paradis ! » et je suis repartie, blessée jusqu'au plus profond de moi-même.

Je devais donc résoudre cette situation moi-même. Que devais-je faire ? Je n'avais pas encore obtenu la naturalisation, j'avais peu d'argent, un travail précaire et j'étais seule. Obligée d'aller au bout de ma grossesse, j'ai décidé de faire adopter mon enfant dans le plus grand secret. Mon employeur ne devait donc rien savoir de mon état, et j'ai réussi à camoufler mon ventre rebondi tout en travaillant jusqu'au dernier jour. J'ai eu la chance d'avoir le soutien d'Élie, le radiesthésiste qui soignait ma jambe, tout au long de ma grossesse. C'est grâce à lui que j'ai trouvé le courage de traverser cette période traumatisante. Après avoir accouché à l'hôpital Oude God-Mortsel à Anvers, j'ai fait adopter la fille que j'avais mise au monde, en insistant que ce bébé sache un jour le nom de sa mère, qu'elle était juive et que ses grands-parents maternels avaient été gazés à Auschwitz. J'ai aussi demandé qu'elle aille dans une famille francophone et qu'elle reçoive une bonne éducation. »

– Tu sais ce que ce bébé est devenu ?

– Non, je n'ai jamais eu de nouvelles mais je me demande souvent si elle est vivante, si elle est heureuse, qui l'a élevée, si je vais la retrouver. Mais à quoi bon ? Je n'avais pas d'autre solution à l'époque. »

Je l'écoute stupéfaite et je comprends mieux son silence et son absence quand j'avais eu besoin d'elle. J'essaie de me mettre à sa place. Je pense à cette jeune femme seule, sans ressources qui enceinte devait survivre dans la clandestinité.

Le lendemain, j'emmène Pauline visiter Washington et ses environs. Nous prenons la voiture pour nous rendre au centre ville où se trouvent les fameux *Smithsonian Museums* aux collections fabuleuses et dont l'entrée est gratuite. Henry avec ses trois jobs différents rentre tard plusieurs fois par semaine et il ne peut pas partager nos escapades. J'admire le courage de Pauline qui malgré sa jambe malade piétine des heures devant des tableaux célèbres, s'attardant même au musée *Air and Space* sur les exploits de l'exploration aérienne américaine.

Comme les cafeterias de ces institutions sont spacieuses et bien fournies en sandwichs, pâtisseries et boissons, nous pouvons nous reposer et nous rafraîchir entre les diverses expositions.

Un soir, nous allons dans un club de jazz de la vieille ville, toujours sans mon mari que ces activités n'intéressent pas. Récemment quand nous en reparlons Pauline remarque :

« Tu n'avais pas l'habitude de sortir seule le soir ou avec une femme, je trouvais ça étonnant, pour moi c'était tout à fait normal. » Ce qu'elle ne savait pas, c'est que certains quartiers de la ville étaient connus pour être dangereux, surtout le soir, et s'y aventurer n'était pas sans présenter un certain risque de se faire attaquer ou voler.

Comme nous sommes en avril, mois de mon anniversaire, avant son départ nous célébrons mes quarante-sept ans dans un bon restaurant. Quelle joie d'accueillir, et d'offrir à Pauline chez moi ces quelques jours presque miraculeux.

De Washington, elle s'envolera vers Miami voir son cousin Sam et sa femme Charlotte, puis à San Francisco chez leur fils Georges et son amie céramiste, puis ce sera Sacramento chez la sœur de Georges et son mari, et finalement Los Angeles chez sa petite-cousine Renée et son mari Amoz et leurs enfants. Elle terminera son périple à Hollywood avant de rentrer en Belgique par New York chez sa cousine Hélène S. J'imagine les émotions de ces retrouvailles après ce que Pauline a vécu pendant la guerre.

Enchantées et enrichies de nous être retrouvées et de nos partages, Pauline me répète à plusieurs reprises avant de nous séparer « Viens me voir dans ma ferme quand tu seras en Europe, tu y feras la connaissance de Monica. » J'ai bien l'intention de donner suite à son invitation.

Poesele

1987. Nous ne nous reverrons que neuf ans plus tard. Je ne sais plus pourquoi j'ai attendu si longtemps pour rendre visite à Pauline alors qu'à l'époque je travaillais à Genève une partie de l'année. Je me demande si mes réticences ne venaient pas du contenu d'une lettre datée de 1981 dans laquelle elle revenait sur sa visite chez nous *dans un climat assez tendu vu la situation dans laquelle tu te trouvais* et, ajoutait-elle plus loin, que *nous vivons si différemment qu'il nous est difficile de communiquer et d'avoir les mêmes intérêts, ce qui ne m'empêche pas de me demander si tu as trouvé une occupation intéressante...*

Il est vrai qu'à ce moment-là je passais par une période difficile. Ma mère à Paris était déjà très malade et, à cause de ma phobie de l'avion, je reportais sans cesse le moment de lui rendre visite, ce dont je me sentais continuellement coupable. De plus, je ne trouvais pas de travail dans ma spécialisation, la communication, et je devais me contenter d'un job de secrétaire intérimaire. Nos styles de vie étaient effectivement différents. Mon monde bouillonnait d'activités, alors que je tentais de m'intégrer à l'Amérique tout en me languissant de la vie européenne et de la langue française, tandis que Pauline avait quitté le monde du business pour sa vie à la campagne.

Après de nombreuses incitations de sa part à venir voir sa ferme et faire la connaissance de Monica, je me décidais finalement à faire le voyage.

Cet été-là, Henry et moi combinons notre visite à Poesele avec une escapade en Hollande. Arrivés à Amsterdam en avion, c'est l'occasion de visiter le *Rijksmuseum* et ses chefs d'œuvres flamands, de nous balader dans les petites rues du centre ville, de voir le *red light district*, là où se trouvait auparavant le quartier juif, et de déguster en buvant des bières des harengs chez les vendeurs de rue. Puis nous louons une voiture pour arriver jusqu'à Poesele.

Là, nous rencontrons Monica avec laquelle Pauline partage toujours la ferme. Mais elle a cédé le bâtiment principal en vieilles pierres et un des hangars à son amie où cette dernière a son atelier; à la place elle a investi un petit chalet en bois près de la basse-cour. Elle y a aménagé l'eau courante et le moyen d'y cuisiner, pour plus d'indépendance et de liberté de mouvement. « Ainsi, notre énergie n'est pas gaspillée en bavardages dès le matin » avait écrit Pauline. Il ne me reste qu'un vague souvenir de Monica, croisée le temps d'échanger quelques mots dans la ferme.

Il faut dire que maintenant Macha fait également partie du tableau. À son retour des États-Unis en 1979, Pauline avait eu le coup de foudre pour cette jeune femme en la revoyant lors d'une fête des saphistes à Gand. Comme cette étincelle fut réciproque, elles forment aujourd'hui un couple et se retrouvent à Bruxelles ou à Poesele ; la maisonnette de Pauline leur sert de nid en attendant de pouvoir vivre ensemble.

Pauline nous a réservé une chambre à l'*Auberge du Pêcheur* à St Martens Latem, près de la Lys, où elle nous conduit accompagnée de Macha. À partir de ce moment, les deux amies nous prennent en charge pendant notre courte visite. La nouvelle compagne de Pauline me dit sa joie de faire ma connaissance après tout ce que Pauline lui a raconté de notre passé et, pleine d'entrain, nous propose un programme qu'elles ont prévu pour rendre notre séjour réussi et truffé de découvertes.

Elles ont même retenu une table à la *Brasserie le Green* de l'hôtel où nous dînons ensemble. Ce restaurant reconnu pour sa cuisine et ses vins de choix offre par beau temps une terrasse dans sa cour intérieure. Nous ne pouvons profiter de ce ciel ouvert ce soir, car malgré la saison, nous apprécions l'agréable sensation de chaleur venant du feu de bois qui flambe dans la cheminée non loin de notre table. Quand, rassasiés de bonne chère, de bavardages et de rires, nous décidons de nous séparer pour la nuit, nos amies promettant de venir nous chercher le lendemain matin vers dix heures pour entamer nos excursions. Henry et moi passons ce qu'il reste de la soirée dans notre chambre au confort moderne avec vue sur la pelouse léchée longeant la Lys. Ce coin bucolique et paisible avait dans le temps inspiré les peintres flamands et est resté habité et fréquenté par des artistes.

L'accueil chaleureux, rieur et volubile de Pauline et la cordialité de sa compagne, me font réaliser que d'une certaine manière nos moments de partages à Washington. Les souvenirs intimes que nous y avions échangés nous avaient permis de nous retrouver et même de nous rapprocher.

Des images de ces moments précieux me reviennent. Je nous revois attablées près de la fenêtre du petit salon devant nos cafés et toasts matinaux nous interrompant l'une l'autre quand de nouveaux souvenirs surgissaient pour en rire ou compatir avec celle qui s'épanchait. Comme Pauline avait suivi les hauts, les bas, et l'aboutissement de ma relation avec Jean, c'était de lui que je parlais me sachant comprise.

Lors d'un de ces petits déjeuners, Pauline s'était mise à parler de son départ sans retour de Bruxelles en 1940 et son internement à Rivesaltes en France. Ce camp dans les Pyrénées orientales, appelé camp « d'hébergement », était en fait un camp de transit, de triage vers Drancy à partir duquel les Juifs étaient déportés et où Pauline a été enfermée avec sa famille. Réfugiés politiques espagnols et juifs y étaient internés. Les Juifs entassés dans des baraquements étaient séparés par des fils de fer barbelés des autres réfugiés. Les hommes n'étaient pas cantonnés avec les femmes. Pauline et sa sœur aînée Hélène y avaient passé plusieurs mois avant de se retrouver plus ou moins libres, « Un miracle nous a permis d'en réchapper… Puis il y a eu les homes, les maisons d'enfants et enfin Israël… ». Mais Pauline n'étant pas de celles qui se laissent happer par des souvenirs morbides et douloureux s'était vite ressaisie avec des « Il faut rire ! Qu'est-ce que tu veux que je fasse ? Je préfère me rappeler les bons souvenirs de notre vie de famille à Anvers avant la guerre ». Le lendemain, assises sur un banc au soleil sur le *National Mall* entre deux visites de musées, je lui avais demandé de m'en dire plus.

D'après ce qu'elle m'avait raconté, sa vie à Anvers y avait effectivement été douce. Elle était entourée de ses parents, oncles, tantes, cousins, cousines, qui avaient quitté la Pologne bien avant la guerre et avaient eu le temps et l'occasion de se faire une bonne situation en Belgique. Elle avait gardé un souvenir lumineux et affectueux de sa Tante Rosa. N'ayant pas d'enfants elle-même, ses moyens financiers lui permettaient de gâter Pauline et sa sœur Hélène. Aux yeux de Pauline cette tante vivait dans l'opulence. « Tu te rends compte, son appartement avait une salle de bain et une baignoire ! » À la maison ce luxe n'existait pas et quand la fillette lui rendait visite, ce qui arrivait souvent, elle savait qu'elle aurait droit à la jouissance suprême de s'y prélasser. « J'ai gardé de cette tante qui a été déportée un souvenir très affectueux. »

Le mariage de ses parents avait été une histoire d'amour. Sa mère qui avait été promise à un homme choisi par sa famille avait rompu ses fiançailles pour épouser celui qui deviendrait le père de Pauline. Elle approchait la trentaine quand elle est tombée follement amoureuse de ce jeune homme de quelques années son cadet. D'après Pauline, la différence d'âge la dérangeait d'autant moins qu'elle augmentait ses chances d'avoir des enfants.

La mère de Pauline observait et respectait les coutumes juives transmises par ses parents. Toute la famille se réunissait en des occasions joyeuses et chaleureuses pour célébrer les fêtes juives. Tout en restant orthodoxe comme sa famille, elle était une femme libre d'esprit. Elle acceptait et respectait les autres religions et leurs traditions au point de permettre à ses filles de participer à la chasse aux œufs de Pâques lors de la fête chrétienne, se souvient Pauline. D'ailleurs Pauline allait dans une école laïque française, sa sœur Hélène, par contre, avait été scolarisée dans un établissement juif *Le Tarkemoni* connu à Anvers pour la qualité de son enseignement. Femme de tête menant ses affaires à bien, probablement avec le soutien de sa famille toute proche, elle était devenue courtière en diamants après avoir appris à trier et à tailler ces pierres précieuses, chose rare pour une femme à cette époque. Elle avait appris le polonais à l'école et parlait également le *Hoch Deutsch*, langue imposée en Pologne, puis avait acquis le néerlandais lors d'un séjour à Scheveningen en Hollande pendant la première guerre mondiale, puis à Anvers (Berchem).

Le père de Pauline, personnage bien différent de son épouse, était un rêveur, bundiste (militant pour les travailleurs juifs en Europe de l'Est, à tendance socialiste) et yiddishiste. Comme il avait vécu à Bruxelles avant la guerre, il parlait le français aussi bien que le russe et le polonais. Mais le yiddish était resté la langue de son cœur. « C'est de lui et des histoires qu'il nous racontait dans cette langue que m'est resté cette nostalgie du yiddish. Petite, je mangeais peu et mal. Mais mon père arrivait à me faire avaler la nourriture en me racontant des histoires qu'il accompagnait de bandes dessinées créées sur le vif. Je me souviens qu'il pouvait rapidement faire l'esquisse d'un cosaque sur son cheval, suivie de ce même cosaque qui en tombait. En épousant ma mère il avait abandonné le textile pour devenir diamantaire comme sa belle-famille. Il y avait même une machine à tailler des diamants à la maison, et quand une petite pierre tombait par terre et que mon père ne la trouvait pas il me demandait de la chercher. J'adorais le regarder travailler et savoir qu'il avait besoin de moi. C'était un homme très chaleureux qui jouait beaucoup avec nous. Maman disait souvent « je n'ai pas deux enfants, mais trois ! ». Si je fais maintenant partie d'un groupe de théâtre yiddish, je ne peux m'empêcher de penser que c'est en souvenir et en honneur de mon père. Entre eux, mes parents parlaient yiddish et ne se mettaient au polonais que quand ils ne voulaient pas que nous les comprenions. »

D'après Pauline, déjà dans les années trente une angoisse flottait dans la communauté juive d'Anvers. Les gens se demandaient s'il fallait quitter la Belgique et partir en Israël ou en Amérique. L'enfance dorée de Pauline a pris fin en 1940. C'est au mois de mai de cette année que sa vie a été bouleversée : la fuite, les camps, la déportation de ses parents, les maisons d'enfants, et puis Israël.

En repensant à l'histoire de la petite enfance de Pauline, la mienne, si différente, me revient à l'esprit. Ma mère, également de parents orthodoxes, observait les traditions juives, mais par révolte contre la religiosité de ses parents elle était devenue moins pratiquante qu'eux tout en observant le Shabbat et les fêtes religieuses, surtout le jeûne à Yom Kippour. Toutefois, après la guerre, restée la seule survivante de sa famille, elle est revenue à l'orthodoxie de ses parents, comme si elle se sentait coupable d'avoir survécu à ses proches. Une ombre de tristesse et de nostalgie, accompagnées de soupirs, planait sur nos fêtes religieuses. Malgré tout, ma mère n'a pas abandonné le polonais et l'utilisait à la maison et avec ses amis au dépend du yiddish, réservé aux disputes entre adultes. Quant à notre situation financière, elle n'avait jamais été facile. Même après notre arrivée à Paris en 1936, ma mère avait dû travailler comme couturière pour joindre les deux bouts.

Le lendemain matin les deux amies sont au rendez-vous pour nous conduire à Bruges. Il ne me reste que des souvenirs vagues de ce que nous avons vu, mais l'attitude chaleureuse et prévenante de nos deux guides tout au long de notre séjour est restée gravée en moi. C'est sous une pluie fine que nous découvrons la ville ainsi que ses nombreuses églises dont Notre-Dame avec son plafond en briques vermillon. Puis nous déjeunons d'harengs et d'endives à la bière. À la faveur d'une brève accalmie, nous faisons un tour en bateau sur le canal. L'après-midi elles nous conduisent à Knocke au bord de la mer du Nord, plein de monde en ce mois d'août, en dépit du mauvais temps. Là, un rare rayon de soleil nous permet de profiter d'une terrasse sur la plage et à Pauline d'évoquer quelques-uns de nos souvenirs de l'armée pour les partager avec Macha qui sait enfin qui est cette Lucienne. Elle mentionne aussi ses débuts difficiles à son retour en Belgique où, malgré ses nombreuses amitiés et sorties, elle s'était sentie très seule avant de trouver l'âme sœur.

Avant de nous quitter nous repassons par Poesele pour récupérer notre voiture de location. Pauline m'offre trois plumes des paons de sa ferme, mouchetées de mille teintes. Elles trônent encore empoussiérées dans un vase sur une étagère de bibliothèque dans mon appartement genevois. Elle me fait aussi cadeau d'une coupe en céramique façonnée par sa sœur dans laquelle je dépose des babioles.

Puis nous repartons pour Genève, non sans

déguster un dernier dîner de fruits de mer, de hareng et de bière à l'aéroport d'Amsterdam.

Bruxelles

Août 2002. Quinze ans s'écoulent avant que je ne revoie de nouveau Pauline. Elle a quitté la ferme à Poesele. Sa relation avec Macha s'est consolidée, même si elles ne vivent pas encore ensemble.

Cette fois, c'est Pauline qui se tient sur le quai quand je descends du train à la gare de Bruxelles en provenance de Genève. Celle qui m'attend est plus petite que dans mon souvenir et a tout d'une bohémienne. Elle porte une large jupe longue et des pantalons bouffants couche sur couche, peut-être pour cacher ses jambes. Son front est garni d'un large bandeau, et ses cheveux teints roux aux racines grisonnantes sont ramenés en une tresse dans le dos. Autour du cou, pend un médaillon-camée que Macha lui a offert pour leurs vingt ans d'union. La peau de son visage oblong laisse deviner un teint de rouquine et ne lui donne pas son âge, tandis que le mascara qui cercle ses paupières fait ressortir ses yeux très verts même à travers les lunettes qu'elle chausse désormais. Ses épaules sont couvertes d'un large châle bariolé par-dessus lequel pend un cabas crocheté multicolore qui la fait pencher vers la gauche. Quand elle m'aperçoit, sa bouche couverte d'un rouge éclatant s'étire en un large sourire, découvrant la légère béance entre ses incisives supérieures.

Nous nous enlaçons avant même de dire un mot, puis elle m'assaille de paroles :

« Comment était ton voyage ? Tu n'as pas changé ces dernières années. Tu ne fais pas ton âge. Je suis heureuse de te voir. Tu es finalement venue ! Nous avons tant de choses à nous dire… Tu devrais voir où j'ai garé ma voiture pour être près de la gare. J'espère qu'elle y est toujours… »

Je suis de nouveau surprise par son accent belge prononcé. Soudainement, elle change de sujet tout en marchant.

« Tu vois ces chaussures ? » Rieuse, elle lève la tête vers mon visage et soulève sa mauvaise jambe en relevant le bas de sa jupe. « Elles coûtent 200 dollars. Ce sont des bottines orthopédiques. Je ne peux rien porter d'autre à cause de mon problème à la jambe. Tu t'en souviens ? Mes chevilles enflent tellement… heureusement qu'elles sont remboursées par l'assurance, je ne pourrais pas me les permettre. »

Je la suis vers sa 2 CV, garée illégalement, deux roues sur le trottoir. Bien qu'elle habite assez près, il nous faut presque une heure pour arriver là où elle loge, car elle se trompe souvent de chemin prenant les mauvais virages, riant et se moquant de ses erreurs. « Je suis toujours aussi étourdie, je me demande comment les gens me supportent. » Arrivées enfin dans sa rue, elle s'excuse :

« L'appartement est dans un état de terrible désordre, ne prends pas peur. Il est en plein déménagement, mais je voulais que tu restes avec moi pour passer plus de temps ensemble plutôt que d'aller à l'hôtel comme tu l'avais suggéré. » Elle me regarde et rit de nouveau.

C'est dans l'appartement de sa cousine Rosa, à Schaarbeek, Bruxelles, que Pauline me reçoit. Elle y loge provisoirement et périodiquement en attendant que la maisonnette attenante à celle de Macha, trop petite pour les deux femmes, se libère et qu'elle s'y installe. Alors que jusqu'en 2000 elles faisaient la navette entre Bruxelles et Poesele pour être ensemble, Pauline partage maintenant ses nuits entre la maison de Macha et l'appartement de sa cousine à Bruxelles. Cette errance ne semble pas la déranger, mais elle avoue tout de même avoir besoin d'un point fixe où elle se sentirait chez elle.

Comme sa cousine Rosa âgée de quatre-vingt-dix ans ne pouvait plus vivre seule, Pauline a fait le nécessaire pour qu'elle puisse se retirer dans une agréable maison de retraite à Uccle. Mais mon amie doit se charger de vider l'appartement en enfilade et délabré que sa cousine a quitté. Avant de pouvoir pénétrer dans l'immeuble, Pauline se bat avec la serrure rouillée de la porte d'entrée, fermée à quatre tours. À l'intérieur nous gravissons l'une derrière l'autre la vingtaine de marches sombres qui nous mènent au premier étage de cette maison de maître sans ascenseur. Dès l'entrée de l'appartement, je suis saisie par l'encombrement de meubles, bibelots, livres, vieilleries qui traînent et couvrent toutes les surfaces. Je pose mon sac de voyage par terre près de la porte et, avant même de me montrer la chambre où je vais dormir, Pauline insiste pour que je goûte ce qu'elle a préparé pour moi.

« Tu dois avoir soif et faim. Je vais faire du thé et j'ai acheté le meilleur pain d'épice de Bruxelles… À moins que tu ne préfères du jus ? J'ai des oranges douces et très juteuses, je peux te faire un peu de jus frais, si tu veux… Tiens, prends un peu de miel pour ton thé. Fais comme chez toi. » Et elle me sert le thé fraîchement infusé, dans un verre comme ma mère le buvait.

Pas un siège où s'asseoir sans devoir d'abord le libérer. Même la toile cirée sur la table de cuisine est partiellement couverte d'objets utilitaires : miel, confiture, sucre, poivre, sel, serviettes, radio, planche à pain, gâteau entamé, médicaments, que Pauline repousse de la main pour faire plus de place quand nous nous asseyons. Ce désordre ne nous empêche pas de rester attablées à siroter de nombreuses tasses de thé occupées à rattraper ce que nous ne savons pas l'une sur l'autre.

Je remarque qu'à chacun de ses doigts potelés Pauline porte des bagues, sauf sur le pouce, certaines en toc d'autres de valeur. Plus tard dans la soirée, j'en découvre encore dans un bol en faïence rempli à ras bord. Elle me dit en changer tous les jours selon ce qu'elle porte.

Pauline m'a préparé la grande chambre à coucher, baignée de soleil le matin, la plus confortable. Pour atteindre le lit qui se trouve près de la fenêtre, il faut zigzaguer entre des valises, des coffres à moitié pleins. Châles et vieux chapeaux de femmes pendent à tous les portemanteaux et des vêtements sont suspendus sur des cintres aux crochets des portes. Des miroirs sur toutes les surfaces verticales renvoient notre image aussi bien qu'une psyché au beau milieu de la chambre. Contre le mur à gauche de l'entrée, se trouve une grande armoire en acajou et, par terre, un tapis persan presque neuf couvre le parquet. Par pure gentillesse, Pauline va passer la nuit sur un canapé trop court et trop étroit dans le hall de passage qu'elle devra d'abord libérer de tout ce qui l'encombre.

Je ne dors pas beaucoup cette nuit-là dans le lit au vieux matelas affaissé. Laissant mon regard errer sur la pièce, je devine à ses grandes fenêtres, à ses lourds rideaux en velours ou damassés, à ses hauts plafonds aux frises travaillées, la grandeur et le faste passés de cet appartement, où maintenant tout paraît grisâtre par manque d'entretien.

Pour faire ma toilette, je dois passer par le hall, la cuisine et monter quelques marches jusqu'à la vieille baignoire à pieds, puis j'arrive à ce qui sert de cabinet de toilette. À ma droite, lavabo, bidet et W.C. ; en ouvrant le robinet l'eau est chauffée par une petite chaudière à gaz. Je ne me lave que le bout du visage, car il fait froid. Là aussi, chaque surface est encombrée de vêtements, d'affaires de toilettes. Brosses à dents et dentifrice placés dans un verre en plastique risquent de se renverser au moindre mouvement. Dans un placard, des dizaines de savonnettes et des produits de lessive sont entassés, collectionnés par la cousine.

Cette ambiance me ramène à l'appartement où j'ai grandi et où ma mère a vécu jusqu'à sa disparition il y a une vingtaine d'années. L'« à peu près » de cette génération qui vivait dans l'incertitude du lendemain, l'entassement, l'accumulation d'objets vieillots, désuets ou utilitaires en cas de besoin un jour, ravivent des souvenirs de mon enfance abritée grâce à l'ingéniosité de ma mère, mais aussi de mes révoltes d'adolescente contre cet « à peu près ».

Le lendemain matin, nous sommes de nouveau installées à la même table parsemée des restes de la veille.

« Thé ou café ? Mais je n'ai que de l'instantané, du Nescafé.

– Alors du thé, s'il te plaît.

– J'ai acheté un pain tresse dans une boulangerie juive, il est délicieux avec du beurre et du miel. J'espère que le beurre est encore frais… Le frigo fonctionne mal… Les couverts et la vaisselle sont dépareillés et en plastique, mais le thé sera servi dans un verre à anse avec soucoupe » se justifie Pauline. Il ne reste qu'un couteau et une cuillère propres. Nous les utilisons à tour de rôle, pour nous resservir de tresse, de beurre ou de miel, toujours installées devant nos verres de thé qui tiédit, alors que Pauline parle… parle. Elle qui se moque de ce qu'elle appelle sa « logorrhée » raconte cette fois son départ de Belgique en 1940 :

« En 40, tout à coup, le dernier jour je ne peux plus retourner en classe, même pas chercher mon cartable et mon tablier. Je me souviens que les carreaux de l'appartement étaient peints en bleu à cause des bombardements… Puis, départ brusque dans le dernier train pour la France. La seule chose que je voulais emporter était le gros livre plein de dessins que ma tante Rosa m'avait donné, mais ma mère le trouvait trop lourd et m'a dit de prendre ma poupée à la place. Évidemment je ne voulais pas de cet arrangement. Depuis j'ai peur de m'attacher aux choses pour ne pas les perdre, je me détache de tout de crainte de les perdre.

Nous sommes partis de Belgique la nuit, en silence en nous dépêchant, chacun avec deux valises « comme des voleurs dans la nuit. » Ma mère qui veut donner l'impression qu'on n'a pas de soucis annonce « on part en vacances ». Mais en même temps elle laisse l'appartement impeccable pour que « les autres voient que tout est beau et propre ».

Le train était bondé de Juifs et d'autres réfugiés et nous avons mis beaucoup de jours pour arriver en France. Il fallait s'arrêter partout à cause des bombes, et on devait descendre du train pour nous protéger dans un fossé. La Croix Rouge venait distribuer de la nourriture par la fenêtre et tout le monde essayait de recevoir quelque chose. Mais ma mère était descendue du train pour en être sûre, alors je me suis mise à pleurer de peur de la perdre. Miraculeusement elle nous a rejoints plus tard dans notre wagon. Arrivés à Luchon-les-Bains en France, nous avons loué un appartement-studio. Très rapidement, des affiches « Les juifs doivent se présenter par ordre alphabétique au commissariat » sont apparues. Comme les noms commençants par R sont en fin de liste, on espère partir pour l'Espagne. Mon père est dans le maquis avec un groupe de résistants et quand il revient, il a des éclats d'obus dans les yeux. Une opération à l'Hôtel-Dieu de Toulouse répare le problème et il nous retrouve dans l'appartement-studio. Vu le temps écoulé, il est trop tard pour traverser la frontière espagnole, qui est hermétiquement fermée. Alors la Croix Rouge belge envoie les réfugiés juifs dans un camp d'attente et de là au camp de Récébédou. »

Subitement, Pauline déclare qu'elle en a assez dit et se levant de table, elle me propose une visite au centre de Bruxelles situé à plus d'un kilomètre. Nous faisons une partie du chemin à pied en passant dans un parc, devant le Jardin Botanique, l'église Notre-Dame du Finistère, et terminons le trajet en transport public, car Pauline ressent sa jambe.

« On va prendre un tram… Je ne sais pas quel numéro… Attends, je vais demander à quelqu'un… Mais je préfère ne pas marcher plus loin, tu sais j'ai toujours peur de déclencher une crise… » Dans le centre-ville, nous visitons *Manneken Pis*, puis passons chez *Dandoy* sur la place principale où Pauline me gâte en m'achetant leurs fameux spéculos faits maison, puis nous déjeunons dans un salon de thé pour nous reposer. Le rouge sur les lèvres de Pauline a presque disparu et sa serviette en est maculée. Je l'observe et me dis qu'elle n'a pas changé, que c'est toujours la même Pauline généreuse qui à l'armée partageait l'eau de sa gourde quand j'avais soif. J'admire son visage à peine ridé et son petit nez légèrement retroussé qui ne semble pas s'être allongé avec les années.

« Tu ne fais vraiment pas ton âge.

– Dans ma famille on a l'air jeune longtemps quand on vit vieux » répond-elle en riant.

Elle se fatigue facilement, toujours à l'affût d'une nouvelle crise, mais n'arrête pas de s'activer sans se plaindre, comme s'il fallait profiter tant qu'elle le peut, craignant que sa jambe ne lui joue un mauvais tour. En rentrant, épuisées de notre visite en ville, nous nous laissons tomber sur le sofa à moitié défoncé, un verre de thé frais à la main, et Pauline continue à raconter les camps après son départ d'Anvers.

« On était donc à Récébédou près de Toulouse, un camp pour réfugiés en cellule familiale… On avait le droit de sortir et on essayait de s'enfuir espérant que quelqu'un pourrait nous y aider… Une nuit la milice a pris les hommes valides pour les emmener dans un camp de travail et puis, le lendemain, c'était le tour des femmes, des enfants et vieillards qu'on entassait dans des camions avec valises… Les gardiens criaient, les valises s'ouvraient… Tout se dispersait, habits, bijoux, effets personnels… Je me souviens d'un manteau de fourrure de ma maman… On nous a emmenés à Rivesaltes près de Perpignan…, un camp entouré de fils de fer électrifiés… il y avait des réfugiés juifs, espagnols et politiques… J'ai dormi trois mois dans une baraque de quarante personnes…, il y avait des rats, de la vermine… On était mal nourris, les lits étaient superposés sur trois rangées et ma mère voulait que je dorme le plus haut possible…, les gardiens criaient sur les enfants… Je mangeais ce que je trouvais… une croûte de pain dur… des oignons sauvages qui poussaient à cet endroit, des biscuits si durs qu'on devait les sucer… Je connais la faim, tu sais. Ma mère travaillait dans la cuisine et m'a dit « tu viens me voir, je te donnerai quelque chose, mais il faut le cacher »… On passait à travers les fils de fer barbelés pour rejoindre les internés politiques mieux lotis que nous…, très angoissant pour un enfant. Un jour un gardien m'a offert un pain entier, mais ma mère ne lui faisait pas confiance et avait peur qu'il soit empoisonné et elle ne m'a pas laissé le manger tout de suite… Elle voulait que les rats en mangent un peu pour être certaine qu'ils survivraient. Nous avons pu le manger le lendemain… Je me souviens que ma mère me faisait dire que j'étais plus jeune que je l'étais pour que je reçoive une ration de lait et puisse en donner un peu à ma sœur… Je le faisais en rechignant… Je crois que les enfants recevaient du lait jusqu'à l'âge de six ans… Je ne comprenais pas, car elle m'avait appris à ne jamais mentir, et là elle me forçait de le faire… Parce que je souffrais de malnutrition j'ai été transportée dans une baraque pour malades et ma mère n'avait pas le droit de venir me voir… mais les enfants avaient le droit de sortir le soir aux toilettes, alors ma mère en a profité pour passer pendant la nuit quand les infirmières n'étaient pas là… Je vivais dans la peur que maman se fasse attraper… Cela a été le début de ma méfiance envers les autres… Chaque jour il se passait un événement tragique… Chaque jour je voyais des charrettes avec des morts… des suicides à cause des fils de fer barbelés… Les gardiens étaient des miliciens sous la France occupée…, toujours la faim… la faim… Ma sœur a essayé de se sauver du camp où elle a été ramenée et battue férocement en obligeant ma mère et moi d'en être témoins…, finalement, la troisième fois elle a réussi et a été récupérée par des nonnes qui alimentaient mieux les enfants, juifs et autres petits français qui se trouvaient en colonie de vacances… »

J'écoute ses paroles, médusée. J'en ai le soufflé coupé, alors que Pauline parle… parle… Je ne veux pas interrompre ce flot de paroles qui sort du fond d'elle-même, ces images qu'elle a gardées enfouies aussi longtemps. La bouche sèche, elle se tait un instant.

« Pauline, je nous fais un autre thé ?

– Ça fait longtemps que je parle ? Elle semble absente.

– Je ne sais pas, mais tu m'as raconté beaucoup de choses. Attends, je reviens. »

Je me soulève du canapé trop bas et fais chauffer l'eau dans la bouilloire électrique, puis la verse sur les feuilles de thé restées au fond de la théière. J'ajoute à ce liquide chaud des cubes de sucre et des rondelles de citron trouvées sur la table. Pauline se laisse servir, entourant le verre des deux mains comme pour se réchauffer, tandis que je me laisse tomber là où j'avais été assise. Pauline a l'air exténuée.

« Tu veux te reposer un moment ?

– Je crois que je vais continuer tant que je suis sur la lancée, je n'en aurais peut-être plus le courage une autre fois. Où en étais-je ?

– Ta sœur vient de se sauver… » Et elle reprend sa saga.

« Ah oui… Un jour la Croix Rouge me fait sortir de l'infirmerie et m'emmène dans un autobus avec d'autres enfants espagnols… On est caché sous les banquettes… C'est là que je vois ma mère pour la dernière fois… On nous envoie dans les montagnes au dessus de Grenoble dans un hôtel désaffecté… puis dans une colonie de vacances où l'on cache une dizaine d'enfants juifs. On repart ensuite à Saint-Cergues en France en Savoie, aux *Feux Follets* où j'attrape une furonculose et une paralysie des jambes qui dure un certain temps. De là on espère passer en Suisse, mais il y a beaucoup de refoulements… Je suis parrainée par un couple à Genève qui veut m'adopter, mais je ne veux pas d'une seconde mère, je veux faire libérer la mienne de Rivesaltes. Elle sait que je suis à Saint-Cergues où je pleure tous les soirs…, puis ma sœur à la demande de la Croix Rouge me rejoint… je me souviens d'une lettre de ma mère disant qu'il faut faire quelque chose pour que le monde entier apprenne ce qu'il se passe… mais je crois que les lettres m'ont été enlevées et brûlées pour ne pas laisser de traces en cas d'éventuelles perquisitions, suite à une dénonciation d'un villageois… Un jour que je n'oublierai jamais, je reviens de l'école où je vais à Saint-Cergues et on m'annonce que mon papa est là. J'accours, je regarde le monsieur devant moi… et c'est terrible de voir que ce n'est pas lui. »

La voix de Pauline craque. Elle est sur le point de pleurer, mais les larmes ne viennent pas. Puis elle continue.

« À Saint-Cergues, les enfants juifs devaient s'intégrer… pendant que les autres allaient à l'église le dimanche, les Juifs allaient se promener, c'est comme ça que j'ai découvert que l'éducateur M.R, son nom de guerre, était juif « mais fallait pas le dire, le raconter à personne »… Ma sœur quitte Saint-Cergues en 1942 à cause d'une dénonciation dans le village. Ainsi les plus grands partent accompagnés d'un éducateur, Yves K., à Le-Chambon-sur-Lignon… sous l'auspice de la Croix Rouge, alors que les plus petits restaient encore. Le-Chambon était un lieu de résistants dans la vallée de la Loire dans le Massif Central, qui aidaient les Juifs… c'était une maison d'enfants français *Les Faidoli*. J'ai rejoint ma sœur un an plus tard. L'OSE voulait envoyer les enfants juifs en Palestine et moi je voulais rejoindre ma sœur à Le-Chambon. Elle était d'abord dans la *Maison Faïdoli*, puis dans *l'Abric*. Elle fit parvenir une lettre disant qu'il fallait me mettre dans le train pour Saint-Étienne et qu'elle m'attendrait à la gare pour rentrer ensemble à Le-Chambon-sur-Lignon… ainsi, je pus rester avec ma sœur Hélène jusqu'à la libération. Là, j'ai pu aller au collège… Il n'y avait que quelques juifs. Je me souviens qu'un oncle d'Amérique nous envoyait des paquets, avec des habits, des friandises… J'étais si contente que ma sœur soit avec moi, on était complices. Comme elle était artiste, c'est elle qui m'a initiée à ce qui est beau, à mon premier cinéma, théâtre. Plus tard elle est devenue céramiste…

Le-Chambon-sur-Lignon était un endroit où l'on envoyait les enfants se retaper pendant la guerre et où quelques enfants juifs étaient cachés. On devait se cacher pour honorer les fêtes juives… *On gardait le judaïsme sous silence.* Je pleurais tous les soirs mais j'étais heureuse que ma sœur soit là, on était bien nourris, j'allais dans un bon collège… Nous avons appris la fin de la guerre à Le-Chambon-sur-Lignon… Je ne savais pas s'il fallait s'en réjouir, si nos parents allaient nous chercher, qu'allions-nous devenir ? Peu de temps après la libération, l'OSE nous a emmenées à Lyon dans une maison d'enfants où j'ai été séparée de ma sœur qui a été envoyée à Saint-Germain-en-Laye près de Paris, dans une autre maison pour jeunes filles. Comment décrire mon chagrin d'être séparée de ma sœur que j'aimais par-dessus tout ? Surtout que je ne savais pas ce qui se passait avec mes parents, quant à leur survie. J'ai réussi à la rejoindre grâce à un subterfuge de sa part. Elle a écrit une lettre disant qu'on m'attendait dans une maison d'enfants *Les Glycines* à Maisons-Laffite, également près de Paris. On m'a mise dans un train et je n'avais qu'à me débrouiller. La directrice étonnée de mon arrivée, n'étant pas au courant, m'a quand même acceptée et j'ai pu aller au collège à Saint-Germain-en-Laye où ma sœur était. Les jeunes étaient répartis dans les maisons selon leur âge. Elle avait seize ans et j'en avais douze, donc nous ne pouvions être au même endroit, mais étant si près, le contact avec ma sœur a été plus ou moins rétabli. Je ne savais pas si mes parents étaient vivants, et je m'accrochais à ma sœur, ma seule bouée de sauvetage… On attendait des nouvelles, que la famille déportée revienne, mais personne ne venait nous chercher… Qu'est-ce qui va arriver ? Tout le monde est heureux, mais j'étais malheureuse et je n'arrivais pas à m'adapter à cette situation…, c'était l'angoisse… Une cousine qui avait survécu est venue nous voir à Paris et ma sœur a suggéré que j'aille dans une maison de jeunes à Anvers où il restait un oncle, frère de ma mère avec sa femme et leur fils, et des tantes et un cousin qui étaient revenus de Cuba où ils s'étaient réfugiés. Ma sœur pensait que cela me ferait de la famille que je pourrais visiter le samedi et dimanche pour avoir un peu l'affection familiale qui me manquait tellement… Et on nous disait qu'il fallait oublier…

mais comment faire ?… la reste une plaie ouverte toute la vie. »

Après toutes ces années de silence, Pauline ne peut arrêter de parler. Elle a besoin de tout laisser sortir, se moquant en riant d'elle-même de ce qu'elle appelle sa « logorrhée. »

« Allez, j'arrête de parler… ». Mais quelques minutes plus tard, la voilà repartie. Elle accepte d'être ramenée à l'ordre quand son bavardage incessant ne porte que sur ce qui se passe dans sa tête d'instant en instant. On peut lui dire « Pauline, arrête ! » Elle demande même qu'on le fasse, se rendant compte qu'elle ne se contrôle plus. « C'est pour couvrir le silence. Dès que je suis seule, je mets la radio, que ce soit des paroles ou de la musique, pourvu qu'il y ait du bruit. Le silence m'effraie. Allez, assez parlé ! Cette fois j'arrête vraiment. Je t'invite à dîner. Il y a un petit resto italien sympa dans le coin. Un verre de Chianti nous fera du bien. » « OK ! » Je n'ai pas très faim après tout ce que j'ai entendu mais c'est le moment de bouger, de sortir, de nous retrouver dans le présent. Je suis surprise de voir Pauline se ressaisir aussi facilement et rapidement. Quant à moi, les images de son histoire tourbillonnent dans mon esprit, et ma tête est dans un étau. J'imagine qu'elle a survécu à ses traumatismes grâce à cette faculté de les évacuer.

Au *Piccolo* le Chianti et les raviolis aux champignons faits maison nous ravigotent. Maintenant, Pauline parle de Macha et se réjouit de me montrer la maisonnette où sa compagne habite. Elle est sûre que nous nous entendrons bien et s'en réjouit.

« Vous vous ressemblez tellement ! Ça ne m'étonne pas, vous êtes du même signe astrologique. J'y crois, vous avez beaucoup de similarités : vous êtes énergiques, spontanées, actives, mais aussi impatientes, ajoute-t-elle en riant. Moi, je suis plutôt du type flegmatique. » C'est vrai que je m'étais trouvée à l'aise avec Macha à Poesele et que je me sentais proche d'elle, sans la connaître vraiment. Nous semblions être sur la « même longueur d'onde ». Je serais contente de la revoir chez elle. Pour terminer le repas, je choisis un gelato au moka, mon dessert préféré, suivi d'un expresso. Avec deux verres de Chianti la tension s'est estompée et je sens la fatigue. Je me demande comment Pauline fait pour tenir le coup après cette journée chargée physiquement et psychiquement. Quand nous rentrons vers vingt-deux heures, elle serait prête à continuer de bavarder, mais j'ai besoin de me retrouver seule et de repasser dans ma tête les événements de la journée. J'avoue à mon amie que je suis épuisée. « On continue demain alors, d'accord ? » Et nous nous séparons pour la nuit.

Lorsque je sors de ma chambre le lendemain matin, Pauline est déjà habillée et affairée dans la cuisine. « J'ai tout ce qu'il faut pour le petit déjeuner. La tresse d'hier et des biscottes. Malheureusement, toujours pas de bon café. Mais Macha se fera un plaisir de te préparer un expresso bien tassé. »

Les verres de la veille traînent encore sur la table. Je les lave sommairement et passe un coup d'éponge trouvée dans un coin, sur la toile cirée pendant que Pauline s'occupe du thé et cherche des couverts propres. Quand nous sommes installées, je demande :

« Est-ce que Macha connaît toute ton histoire ?

– Elle est la première à qui j'ai pu en parler. Mais ce n'est pas venu de suite. Pendant des années je m'étourdissais d'activités, faisais comme si ma vie était normale, comme celle des autres, de ceux qui m'entouraient. Petit à petit, avec Macha j'ai commencé à partager des bribes de ce que j'avais vécu avant et pendant la guerre. Elle voulait tout savoir de moi, mais attendait que je sois prête à en parler, à l'écoute, sans me bousculer. C'est comme si j'avais enfin eu la permission de me souvenir alors qu'après la guerre les adultes nous avait incités à tout oublier. On était jeunes à ce moment-là, on croyait que ce serait possible, que le passé resterait le passé. C'est bien plus tard que j'ai senti le poids de ce passé qui ne s'en allait pas. Je pense beaucoup à ma mère dernièrement. Cette nuit j'ai rêvé d'elle. Je ne pouvais plus me rendormir après. Je ne t'ai pas raconté l'histoire de la fourrure ?

– Non... »

J'ai l'impression que Pauline profite de ces moments que nous passons seules pour raconter.

« Alors écoute. C'est vraiment extraordinaire... Ma mère avait osé sauter du train qui l'emportait à Auschwitz pour faire donner à ses filles ce qu'elle possédait de valeur. Elle avait une fourrure, et si je l'ai récupérée, c'est par un hasard tout à fait extraordinaire et grâce à des gens de bonne volonté. En 1942 je devais prendre un bateau avec ma sœur à destination des États-Unis depuis Marseille. Mais comme j'ai eu les oreillons, nous n'avons pas pu faire partie des passagers pour cette traversée. Ma mère savait que ce voyage en bateau nous sauverait en nous menant vers la liberté, ses deux frères, nos oncles. Faisant partie à la même période d'un convoi qui devait la mener vers Auschwitz, elle a sauté du train pour se rendre au port de Marseille, se disant que ses filles y embarqueraient pour l'Amérique. Comme à ce moment-là nous étions encore à Saint-Cergues, elle nous a fait poster une carte pour nous avertir qu'elle essayerait de prendre un des bateaux, car elle pouvait prouver qu'elle avait deux frères en Amérique, document indispensable pour y immigrer. Mais sans papiers d'identité et les bateaux étant déjà bondés, il lui fut impossible d'embarquer. Pendant qu'elle se trouvait à Marseille, elle a rencontré par miracle Henriette (la petite-fille du mari de sa sœur Rosa) à qui elle a remis son manteau de fourrure et quelques petits bijoux que celle-ci a transmis à la Croix Rouge suisse. Hélas, pendant une rafle par la milice française, maman fut transférée à Drancy et de là déportée à Auschwitz en été 1942. C'est grâce à la Croix Rouge à qui Henriette les avait confiés que j'ai récupéré ces effets après la guerre. En fait, ils avaient été restitués à ma sœur, toujours dans le home pour jeunes filles à Saint-Germain-en-Laye. Je me demande toujours si ma mère a su que le bateau que nous devions prendre avait coulé et si elle s'imaginait ses deux filles disparues en mer… »

Elle reste pensive et, comme si l'image de sa mère lui était subitement apparue, elle ajoute à brûle pourpoint « Je n'ai jamais voulu voir des photos qui ont été prises de mes parents à Auschwitz. Je n'ai que celles de leur jeunesse, reçues d'un des oncles d'Amérique. C'est le souvenir que je veux garder d'eux… C'est une plaie qui reste ouverte toute la vie, je suis restée une grande angoissée… Ce passé ne vous lâche jamais… une peur et une insécurité existentielle ne me lâchent pas… surtout avec l'âge… Je me méfie des gens, ne fais confiance en personne. »

Je reste muette. Comment réagir à ce flot de souvenirs insoutenables ? Les deux années à l'armée passées ensemble où nous avions été si proches me reviennent. Rien de ce que mon amie avait vécu peu de temps auparavant ne m'était apparu. Nous ne parlions jamais du passé. Nos conversations et nos réflexions étaient tournées vers l'avenir. Mais je me souviens que la bonne humeur de Pauline et ses éclats de rires dans des situations qui ne les justifiaient pas et auxquelles je réagissais avec colère ou tristesse, m'étonnaient et m'impressionnaient. Préoccupée par mes propres incertitudes du moment, je suppose que je n'ai pas cherché à comprendre les raisons de ses réactions parfois incongrues.

« Et dire que je n'ai rien su de ton passée alors que nos vies furent si intimement liées pendant deux ans.

– Comment aurais-tu pu deviner ? » Pauline se ressaisit. D'un coup elle se lève et annonce en regardant sa montre : « On devrait partir pour aller chez Macha. J'espère me souvenir où j'ai garé ma voiture. Oh là là… ma tête… C'est toujours pareil… »

Dès que nous sommes arrivées dans la maisonnette au *Carré Dewandeleer*, je me suis sentie à l'aise et acceptée par cette jeune femme d'une cinquantaine d'années, vive, spontanée, ouverte, intelligente. Elle écoute avec attention ce que je lui raconte de mes récentes retrouvailles avec des cousins germains paternels que je croyais perdus, me demande comment je les ai retrouvés, pose des questions sur leur âge, où et comment ils ont survécu au nazisme en Pologne. C'est un sujet qui semble la préoccuper comme s'il la concernait personnellement. Puis, nous nous installons sur un coin de table dans sa minuscule cuisine pour déguster la pita et le poulet avec l'expresso qu'elle vient de servir.

Je remarque que l'eau courante n'est pas installée et parvient chauffée par un chauffeau au gaz en s'écoulant d'un tuyau dans l'évier. Le système de douche est tout aussi basique. Le jardinet à l'arrière de sa maison est son petit royaume que les deux amies bichonnent, y font pousser des roses, des renoncules, des pâquerettes, des plantes vertes, des groseilles, framboises, fraises des bois, mûres, légumes et salades. Elles s'y affairent et s'y prélassent dès que le temps le permet, toutes fières de ce coin de paradis. Un petit cabanon extérieur sert de W.C., et un pot de chambre est caché sous le lit pour les besoins de la nuit.

À l'intérieur, livres et papiers traînent partout parmi lesquels des objets appartenant à Pauline qui y vient en transit. Macha se chauffe au feu de charbon dans la cuisine tandis qu'un feu ouvert et un chauffage d'appoint à l'étage lui permettent de travailler quand il fait froid. Là, une pièce lui sert de bureau où, installé sur une grande surface, se trouve tout ce qu'il faut pour ses traductions : fax, imprimante, ordinateur, etc., à portée de main. À côté, une chambre juste assez grande pour contenir un lit à deux places. J'accède à cet étage en montant un petit escalier de meunier en bois, puis le redescends de biais de peur de tomber. Tout est bas de plafond et me paraît exigu chez Macha, mais ce cadre de vie lui convient.

La belle Macha a récemment appris par sa grand-mère maternelle qu'elle est d'origine juive. Elle avait rejeté sa famille qui ambitionnait à une vie d'aristocrates par le mariage de sa mère, mais elle avait retrouvé un peu de son identité juive grâce à Pauline quand elles s'étaient rencontrées. « Bien sûr, ma rencontre avec Paulina a eu une grande influence sur mon judaïsme ! » répond-elle quand je lui pose la question. « Je me sentais tout de suite liée par quelque chose de très très profond, et c'était réciproque comme notre coup de foudre mutuel. C'est grâce à Pauline que j'ai pu vivre mes premières fêtes juives quand elle était invitée chez son ami Marcel l'antiquaire pour passer Pessach ou Rosh Hashana. C'est aussi grâce à elle que je me suis inscrite à un cours d'hébreu ! Et j'en passe… »

Les deux femmes qui désirent vivre côte à côte attendent que la maisonnette attenante à celle de Macha se libère et devienne habitable pour que Pauline puisse s'y installer. « Ce n'est pas une petite chose » dit Pauline « car en plus, le toit fuit ».

L'après-midi, nous nous rendons toutes les trois en voiture avec leur amie Jacqueline au Château *Bel Œil*, à une heure de conduite, pour jouir d'une fête organisée en hommage à Mozart dans le cadre de ce parc à la française où divers orchestres se produisent sur plusieurs scènes. Pauline y prend d'innombrables photos avec son nouvel appareil, alors que nous longeons les allées léchées, avec dix-huit mille autres spectateurs attirés par les festivités. À cause du grand nombre de visiteurs, nous sommes garées à plus d'un kilomètre de l'entrée du parc qu'il faut faire à pied. Après avoir flâné d'un spectacle à l'autre, la nuit arrivant, nous décidons qu'il est temps de rentrer. Macha et moi prenons de l'avance sur les deux autres femmes qui marchent plus lentement, surtout à cause de la jambe de Pauline qui pourtant ne se plaint pas. En bavardant avec Macha, je nous découvre des affinités et des intérêts communs pour le langage, elle par son travail de traduction, moi par mes études en linguistique.

Il est presque minuit quand je me retrouve avec Pauline devant l'appartement à Bruxelles. Un groupe de jeunes Noirs traîne bruyamment aux alentours de l'immeuble, alors que mon amie a toutes les peines du monde à ouvrir cette porte à la serrure rouillée dans la rue déserte et sombre. Je suis mal à l'aise, mais les adolescents passent sans nous prêter attention.

Le lendemain Macha vient avec nous visiter la Fondation Folon située à cinquante kilomètres de Bruxelles dans une grande ferme transformée en musée vivant dans laquelle sont exposés dessins et sculptures de l'artiste. Ce jour, comme la veille, il fait assez bon pour boire un café sur sa terrasse face à un immense parc. Nous sommes d'accord que les cent kilomètres de route valaient la peine, l'endroit est magnifique.

Ma visite à Bruxelles prend fin le même soir. Macha et Pauline me conduisent à la gare du Midi où nous prenons une dernière boisson à la buvette. Mon amie ne me laisse pas partir sans m'offrir une énorme boîte de chocolats Neuhaus. Après nos étreintes et embrassades nous nous promettons de ne plus attendre aussi longtemps pour nous revoir.

Peu de temps après mon voyage à Bruxelles,

j'apprends que Pauline a eu gain de cause et habite maintenant dans sa maisonnette où elle a fait installer une salle de bain et une cuisine. Elle est comblée d'avoir un chez soi si près de Macha avec laquelle elle peut partager repas, soirées, loisirs, voyages, bavardages et leur jardin chéri, le tout dans la tendresse et l'affection. Pauline y soigne avec amour ses fleurs, ses arbustes et son chat. Cet arrangement leur convient. Il permet à chacune d'elle une certaine indépendance tout en leur offrant la proximité et l'intimité qu'elles désirent.

Fête de mariage

12 mai 2013. Après trente-quatre ans de *Living Apart Together*, dont douze l'une à côté de l'autre au *Carré Dewandeleer*, l'union de Pauline et Macha a finalement été légalisée à la mairie le 12 décembre 2012 (le 12.12.12 à 12h12 !) grâce à une loi qui venait d'être promulguée en Belgique. Cinq mois plus tard, Pauline fait coïncider avec notre venue la date de la grande fête organisée à cette occasion.

Notre bateau accosta ce matin-là à Hambourg après sa traversée de l'Atlantique. Afin d'arriver à temps à cette célébration, nous roulons d'une traite jusqu'à Bruxelles distante de cinq cents kilomètres. Après bien des détours et fausses indications données par le GPS, nous trouvons le petit chemin qui monte à la *Fondation Lismonde* à Linkebeek où la fête a lieu. Bien que les réjouissances aient débuté deux heures auparavant, nous arrivons encore à temps pour faire la connaissance de tous les convives.

Quand Pauline nous aperçoit à quelques mètres

de la terrasse de la *Fondation* elle nous accueille avec des cris de joie « Ah, vous voilà enfin ! Je commençais à m'inquiéter. » Puis elle ameute tous ceux et celles qui l'entourent :

« Ah voilà mon amie Lucienne de l'armée ! Elle vient d'arriver avec son mari des États-Unis pour être avec nous aujourd'hui ! Ils ont conduit depuis Hambourg pour partager notre joie. » Nous sommes immédiatement happés par Macha, les nièces et petites-nièces de Pauline venues exprès de Paris et que je ne connais pas. Entourés par tout ce monde, nous serrons des mains et distribuons des bises à ses proches et aux membres de la famille de Macha. Je me trouve être le centre d'intérêt, alors que Pauline répète en riant et en m'étreignant « Ils sont venus depuis les États-Unis ! Vous vous rendez compte ? Ils ont traversé l'Atlantique pour être avec nous ! »

Petit à petit, le cercle se restreint. Les uns et les autres se regroupent pour bavarder, un verre dans une main et une pâtisserie dans l'autre. Je suis soulagée de ne plus être en représentation. D'autant plus que n'ayant pas eu le temps de me changer après avoir débarqué, je suis en jeans, T-shirt et veste polaire, loin d'être habillée pour la circonstance.

Pauline m'avait assurée que le buffet commandé chez un traiteur juif serait encore richement garni quand nous arriverions. Mais la fête étant déjà bien avancée, il ne reste que des desserts sur les tables couvertes de nappes mauves, et n'ayant rien avalé depuis le matin, nous sommes affamés. Nous nous jetons sur les barquettes de fraises, les biscuits, les fruits secs dans les coupes et du gâteau au pavot qui me rappelle mon enfance. Je bois de l'eau à profusion et goûte avec modération au vin et autres alcools.

Pauline demande à l'orchestre klezmer qui a été engagé, de recommencer à jouer des airs yiddish en notre honneur, me faisant signe de me joindre à ceux qui allaient danser la hora (dansée en cercle). Les mariées sont habillées de blanc. Pauline porte une longue robe aux broderies colorées sous une tunique en voile de coton blanc qui lui couvre les hanches ; de longs colliers de perles de couleurs pendent autour de son cou égayant sa tenue. Ses yeux verts entourés de khol brillent d'excitation. Macha, en jacquette et pantalon corsaire blancs, porte des demi-bas aux rayures horizontales multicolores. Les deux femmes ont laissé tomber sur les épaules leurs cheveux noirs ondulés. Elles arborent des chapeaux de paille ornés de rubans mauves.

Riant aux éclats, Pauline invite tout le monde à danser. « Allez, viens danser avec nous, comme en Israël », insiste-t-elle en m'entraînant vers le cercle qui se forme pour que je virevolte avec les autres. Pour lui faire plaisir, je la suis et me joins au groupe dès les premières mesures. Ces mélodies résonnent en moi, évoquant Israël et mon adolescence quand je rêvais de danser avec Jean lors de nos réunions à l'*Hashomer* (mouvement de jeunesse sioniste). Mais ici je me sens étrangère et mal à l'aise. Ce n'est pas Israël et je n'ai plus dansé la hora depuis cinquante ans. De plus, je ne connais que Pauline et Macha que je n'ai pas revues pendant onze ans, alors que ceux qui forment le cercle font partie du monde qu'elles côtoient. M'exhiber ainsi me gêne surtout que les pas de la hora ne me viennent plus naturellement comme dans le temps. Tandis que les danseurs chantent à tue-tête, rient et redemandent à l'orchestre des morceaux non prévus au programme, je quitte le cercle et m'adosse contre un mur observant la liesse et l'animation autour de moi, en fredonnant ces airs d'antan.

Pendant ce temps, Henry prend des photos des danseurs, de l'orchestre, et bavarde avec ceux qui se tiennent autour du bar et du buffet. Vu le froid exceptionnel de ce jour, la plupart d'entre nous restent à l'intérieur sans pouvoir profiter du grand jardin de la propriété. Nathalie, la nièce de Pauline artiste peintre, a fait le portrait du couple. Ce tableau, un cadeau de mariage auquel nous avons tous contribué, trône sur un imposant chevalet dans la pièce principale, la mieux éclairée (l'ancien atelier du peintre-graveur Lismonde). Pour l'admirer et la voir se transformer selon les angles de vision, nous nous déplaçons devant l'œuvre d'art tour à tour par petits groupes, impressionnés par le talent de l'artiste.

Mon réveil à l'aube, les cinq cents kilomètres de voiture, l'émotion de revoir mon amie, d'être entourée et ovationnée, les présentations, ma faim m'ont épuisée. Quand l'assemblée commence à se clairsemer vers vingt heures, je tiens à peine debout ou même assise. Certains invités des environs prennent congé en promettant de faire signe bientôt. D'autres, venus de Paris et des Pays-Bas, se préparent à rentrer en voiture le soir même. Comme Pauline et Macha nous ont réservé une chambre d'hôtel dont nous ne connaissons ni l'adresse ni le nom, nous devons attendre que les derniers convives soient partis pour qu'elles nous guident avec leur voiture pendant que nous pourrons les suivre avec la nôtre. Elles nous proposent de nous restaurer dans un restaurant du coin avant de nous déposer. Nous acceptons avec plaisir malgré notre fatigue, car ce sera l'occasion de passer un moment tranquille ensemble.

« Je connais une petite auberge tout près de votre

hôtel. On pourra sûrement y manger quelque chose malgré l'heure tardive, annonce Macha.

– Bonne idée ! Mais n'êtes-vous pas trop fatiguées ? demande Henry, pourtant affamé.

– Mais pas du tout ! Tu vois bien comme nous sommes excitées et heureuses de vous voir. Quand je pense que vous êtes venus. » renchérit Pauline. Une de ses petites-nièces, Flora, et son amie qui dormiront chez elle se joindront à nous.

Avant d'aller au restaurant, nous passons à l'hôtel pour prendre possession des clés de notre chambre. Comme il fait glacial ce jour-là et qu'il pleut, ayant froid, je sors de ma valise pull et jaquette et enfile épaisseur sur épaisseur. Dans l'auberge *À la Vieille Prune* presque vide, nous trouvons une longue table dans un coin où nous nous installons et, bien qu'il soit près de vingt-deux heures, l'aubergiste nous propose la carte des menus.

Je commande une légère collation faite de pâtes et du thé chaud, quant à Pauline encore surexcitée par les événements de la journée, elle commande plusieurs plats, dont un potage et des spaghettis « pour commencer », dit-elle.

« Tu es sûre que tu peux manger tout ça, si tard ? Je lui demande assise à sa droite.

– J'ai faim, allez, on mange, on boit ! Je suis tellement heureuse de vous avoir avec moi ! » Elle avale goulûment le potage et entame ses pâtes. Soudain, elle me dit ne plus avoir si faim et avoir mal au cœur. Je la vois pâlir et tout à coup son visage est dans son assiette de pâtes. « Une syncope ! » s'écrie Macha.

C'est l'affolement, sauf de la part d'Henry, médecin, qui prend son pouls : il est normal. Pauline ne sait pas où elle se trouve, délire et, nous, effrayées, ne savons que faire. Henry garde son sang-froid, nous rassure. « Du moment que le pouls est normal, ce n'est pas son cœur » déclare-t-il au soulagement de tout le monde.

Après quelques secondes, Pauline soulève la tête et reprend lentement ses esprits. Elle cherche Macha du regard et d'une voix faible lui fait comprendre qu'elle aimerait se rafraîchir. Nous l'aidons à se soulever de sa chaise et la confions à Macha qui, aidée de Flora, la conduit aux toilettes au fond du couloir. Entre-temps, l'aubergiste, inquiet qu'un tel incident se produise dans son établissement, appelle une ambulance qu'il doit tout aussitôt décommander, car Pauline, qui vient de réapparaître le visage moins pâle, refuse catégoriquement cette solution. « Pas d'ambulance… pas d'ambulance, allez, c'est rien… ça va mieux… je crois que je peux rentrer à la maison en voiture maintenant… » répète-t-elle en secouant le bras dont la manche de sa tunique blanche est maculée de sauce tomate. Après avoir bu un thé chaud sucré, Pauline est de nouveau elle-même et Macha l'installe dans sa Mini Morris pour la ramener à la maison. Nous prévoyons de nous revoir le lendemain matin pour déjeuner avant de repartir, selon l'état de Pauline, à Genève.

L'hôtel se trouve à quelques minutes de voiture. Notre chambre mal éclairée, glaciale est sans chauffage, malgré le froid inhabituel pour la saison. Je réalise également qu'il n'y a pas d'eau chaude. Contrariée et exténuée, je décide de m'enfouir sous des piles de couvertures sans me laver, sans me déshabiller et enfile même une paire de chaussettes supplémentaire. Endormie instantanément, je n'entends pas Henry prendre une douche malgré l'absence d'eau chaude. Je compte sur cette nuit de sommeil pour retrouver mon énergie.

Il est près de neuf heures du matin quand la sonnerie du téléphone nous réveille. C'est Macha. Elle nous rassure que Pauline va mieux et confirme notre rencontre. Nous retrouvons nos deux amies comme prévu au restaurant de l'hôtel. Elles ont déjà pris place à une table près de la fenêtre.

« Vous vous êtes un peu reposées ? je demande en regardant Pauline qui a l'air fatigué.

– Après toute l'excitation d'hier nous n'avons pas

beaucoup dormi. Mais ça va mieux. J'ai dû vous faire peur hier soir.

– Merci à Henry de nous avoir rassurées. » dit Macha et, se tournant vers Pauline : « Heureusement que tu t'es vite remise ».

– Tu te souviens à l'armée des heures et des heures de manœuvres jour et nuit ? On dormait à peine quelques heures et on recommençait le lendemain. On oublie qu'on n'a plus le même âge. » ajoute Pauline en me regardant.

Nous sommes les seuls clients dans l'immense salle sombre où un buffet nous accueille garni d'un choix de pains, viennoiseries, confitures, miels, fromages, et autres douceurs. Le café fraîchement moulu et préparé nous réveille complètement.

Après quelques minutes de bavardage à bâtons rompus, Henry, qui ne sait pas grand-chose sur Macha, lui demande :

« En fait, tu es juive ? Je ne comprends pas bien.

– C'est plutôt compliqué. Je suis d'origine juive par ma grand-mère, et ma mère.

– Ça, je le sais. Mais tu viens d'un tout autre milieu, il me semble, dis-je.

– Vous avez le temps et la patience d'entendre l'histoire telle que je l'ai reconstruite ?

– Vas-y. Je suis très curieuse d'en savoir plus. »

Macha commence alors à raconter :

« Ma grand-mère s'appelait Betty Meijer (Meyer). Mes arrières-grands-parents étaient apparemment déjà assimilés. D'ailleurs leurs noms de famille Maas Geesteranus, Caan, indiquent bien une descendance juive. Probablement des Marranes qui lors de l'Inquisition ont dû s'enfuir d'Espagne... La musique flamenco aux accents juifs les faisait toujours vibrer... Ma grand-mère, adorait me raconter – ses yeux bruns pétillants de plaisir – des blagues juives sur Sam & Moos ou Saartje & Moos, peut-être en guise de message secret, car elle ne parlait jamais de ses origines juives, sujet tabou dans la famille.

Un jour j'ai trouvé une photo de ma grand-mère avec un homme en train de planter, pelle à la main, un arbre dans la terre d'Israël. C'était Kees, le frère de mon grand-père Dick van der Leeuw décédé dans son avion de sport à quarante-deux ans en 1936. C'était un aviateur très connu aux Pays-Bas. Après sa mort, ma grand-mère est partie avec sa fille Sylvia à Vienne en Autriche rejoindre Kees qu'elle allait épouser quand il aurait terminé ses études de psychologue chez Sigmund Freud. Il deviendrait son quatrième mari.

– Ton grand père, était son troisième mari, alors ?

– C'est ça. »

Puis elle continue : « En 1938 quand les Nazis envahirent l'Autriche, ils ont dû repartir pour les Pays-Bas, ce qui n'allait pas sans problème, parce qu'il fallait prouver qu'ils n'étaient pas juifs. Après des mois de négociations et d'interventions administratives hollandaises, ils ont pu se procurer un « certificat d'aryen », probablement grâce à la notoriété de son feu mari et en payant une grosse somme. Je me souviens de ce que ma mère racontait sur cette période douloureuse vécue à Vienne à l'âge de dix ans. Elle a vu des juifs arrachés de leurs maisons, traînés par terre sur les trottoirs et humiliés en public ; elle me disait souvent ne plus jamais pouvoir oublier ces cris et ces horreurs dont elle semblait encore habitée et tourmentée… »

Nous nous taisons découvrant une Macha insoupçonnée. « Vous voulez que je continue ? Vous avez le temps ? » demande Macha en avalant une gorgée de café froid. « Oui, oui… vas-y. » Et je me ressers moi-même du café.

« J'ai su que ma grand-mère écrivait beaucoup et tenait même un journal. Malheureusement à sa mort en 1973, ma mère a détruit toute la correspondance et les écrits de sa mère… Je ne le lui pardonnerai jamais. Ces papiers auraient peut-être révélé des côtés tus et méconnus du passé de la famille… Comme excuse, ma mère disait ne pas supporter lire ces écrits déprimants et pleins de désespoir. Dans les années cinquante, ma mère a épousé celui qui deviendrait mon père, S. van S., un aristocrate hollandais, et lors de cocktails mondains on lui disait qu'il avait de la chance de s'être marié avec cette belle juive. Elle ne réagissait pas à cette insinuation ne voulant rien savoir de ses origines.

« Peut-être voulait-elle se protéger et protéger ses enfants ? suggère Pauline qui poursuit.

– Ma sœur Hélène, qui avait subi des tortures au camp de Rivesaltes avait aussi caché ses origines juives pendant bien des années après la fin des hostilités, comme si c'était une tare ou toujours un danger et même alors que je lui répétais que la guerre était finie, qu'on ne risquait plus rien. Hélène, décédée à soixante-cinq ans de la maladie de Charcot, s'était mariée avec un sculpteur français non-juif, et n'avait avoué ses origines à ses propres filles que lorsqu'elles avaient déjà douze ans. C'est seulement grâce à moi, leur tante, fière d'être juive et de mes traditions, que les filles, et surtout les petites-filles d'Hélène, ressentent maintenant une appartenance au judaïsme et se sont rapprochées de ses traditions ainsi que du yiddish. »

Je ne connaissais pas cette histoire qui la touche de si près. Comme nous restons silencieux, Macha reprend après quelques instants, comme perdue dans ses souvenirs. « Je ne sais pas comment ni pourquoi dès l'âge de quatorze ans je me suis sentie attirée vers le judaïsme et l'histoire juive. Je me souviens que je prenais des cours de danses indiennes à Rotterdam où je me suis liée d'amitié avec une fille juive et sa mère, et fréquentais souvent un centre culturel juif en leur compagnie. Depuis, je me suis de plus en plus intéressée au judaïsme en lisant des livres sur la Shoah, l'histoire juive, l'histoire d'Israël, etc. Plus tard, après avoir connu Pauline, j'ai même suivi des cours d'hébreu pendant trois ans à l'Institut Martin Buber, à l'Université Libre de Bruxelles. »

Macha se sert à nouveau du café, mais elle ne touche pas aux restes de croissant dans son assiette. Je remarque à haute voix que je n'ai plus très faim non plus.

« Je ne me rendais pas compte que tu en savais autant malgré les non-dits dans ta famille maternelle. Je n'imaginais pas non plus que tu t'étais autant investie dans la culture juive. Je pensais que ton intérêt était surtout lié au fait que Pauline était juive et à son passé », dis-je, surprise par la saga que nous venons d'entendre.

« Tu savais que nous avons été ensemble en Israël ? me demande Pauline.

– Pas du tout. Quand ça ?

– Quelle aventure ! Attendez, je vais vous raconter. » dit Macha.

En 1981, j'ai fait avec Pauline un long voyage, sac

à dos, à travers Israël. Elle y recherchait deux amis qui vivaient quelque part à Ashkelon sans savoir exactement où… En faisant de l'autostop deux arabes nous ont fait monter dans leur jeep. Au bout d'un moment, Paulina a remarqué qu'ils s'écartaient du chemin dont elle se souvenait, et s'est inquiétée. Je leur ai dit avec insistance *mishpacha* (famille), mais Paulina m'a corrigée en disant *mishtara* (police) en ajoutant quelques mots en hébreu, et là ils ont ralentis sans vraiment s'arrêter et nous avons sauté par-dessus bord de leur jeep qui a redémarré à toute allure. J'ai eu juste le temps de toucher le sol sans me casser la figure… Après avoir traversé une partie du désert sous une chaleur étouffante en nous renseignant à droite et à gauche, un facteur nous a finalement indiqué l'adresse de Joe et Hilda. Quelle joie ces retrouvailles !

En revenant en Belgique, à l'occasion de *Toubichvat* (jour de célébration en Israël quand on plante des arbres), j'ai décidé avec Paulina de planter des arbres dans la « Forêt de Belgique » en Israël. Ainsi, l'arbre planté par ma grand-mère se trouverait dans la même terre que les miens ». Et voilà…

– C'est une belle histoire. Émouvante. Maintenant je comprends ton attachement à ce qui est juif et le lien qu'il crée entre toi et Pauline. » Elles se regardent et se sourient, complices.

Je jette un coup d'œil à ma montre bracelet et me rend compte qu'il est midi et qu'un trajet de huit cents kilomètres nous attend.

« Il est déjà tard. Je crois que nous devons nous mettre en route. Quel dommage d'avoir si peu de temps ensemble. » Je me dis que notre visite a été trop courte, trop précipitée, et repars avec le sentiment de ne pas avoir pu profiter pleinement de mes amies ni d'avoir participé comme je l'avais espéré à leur fête, par manque de temps et par fatigue. Le malaise de Pauline la veille au restaurant accentue cette impression.

« Il faudrait que nos rencontres soient moins bousculées et plus calmes les prochaines fois.

– Au moins nous nous sommes vus presque vingt-quatre heures, et vous avez pu assister à notre célébration. C'était un tel bonheur de vous avoir. Je n'oublierai jamais ce que vous avez fait pour être parmi nous. » dit Pauline qui a retrouvé un peu de son entrain.

– Je voulais être des vôtres. C'était une occasion importante. »

Entre-temps nous nous sommes levés de table en avalant le fond de café refroidi dans nos tasses. J'empoche dans une serviette en papier une viennoiserie pour la route. Nos têtes emplies de ce que nous venons d'entendre, nous nous séparons le cœur un peu serré, avec des embrassades et des promesses de nous revoir bientôt plus longuement. « Fais attention à toi, Pauline » lui dit encore Henry avant qu'elles ne fassent démarrer leur Mini Morris.

Quelques minutes plus tard, nous nous mettons aussi en route. Je repense aux paroles de Pauline au sujet de sa sœur. Je peux m'identifier aux réactions d'Hélène. Si ma mère n'avait pas survécu à la guerre et ne m'avait pas élevée dans le judaïsme, je me serais peut-être comportée comme elle. Même maintenant je n'affiche pas ma judéité à la légère. J'ai gardé un sentiment de vulnérabilité et de danger potentiel face aux préjugés ataviques qui existent toujours.

Fête du Lien

Jeudi 13 octobre 2013. En relevant mes emails, je trouve ce message de Pauline :

Bien chère Lucienne,

Ce qui m'arrive est extraordinaire, et je désire le partager avec toi et Henri... Mais j'avoue que ce n'est pas facile à gérer... Je dois tenir la tête sur les épaules... Le temps m'y aidera et ma si chère Macha me soutient à tous les points... Pour elle aussi ce n'est pas facile... Elle dit qu'elle a toujours pensé qu'un jour ma fille me trouverait... Après 56 ans, c'est extraordinaire. Cela s'est plutôt bien passé... Te donnerai plus de détails une autre fois... Suis trop fatiguée et perturbée, et contente, car Juliette a eu une belle enfance, a maintenant un mari gentil et intéressant, elle aussi... Je stoppe... À très bientôt... doux bisous aussi de Macha... Paulina...

Je n'en crois pas mes yeux. Je relis chaque mot, chaque phrase, à plusieurs reprises pour m'assurer d'avoir compris la portée du contenu. Pauline a retrouvé sa fille ? Impossible à imaginer. Remuée par cette nouvelle, je prends le téléphone malgré le décalage horaire qui nous sépare et l'heure tardive chez Pauline. Je dois lui parler. Il faut qu'elle me confirme ce que j'ai de la peine à concevoir et à assimiler.

Sa ligne est occupée. Elle est certainement en train de partager la nouvelle avec ses nièces et ses proches. Quand je finis par l'atteindre, elle ne peut que répéter ce qu'elle m'a écrit. Dans ma tête des questions se bousculent, mais je n'ose les poser, car je la sens surexcitée et dépassée par ce qu'il lui arrive. J'apprends tout de même que la démarche vient de sa fille après une visite au musée de la Shoah à Berlin. Comme de nombreux survivants de la Shoah, Pauline avait été interviewée dans le cadre de la Fondation Spielberg. Le cinéaste avait pour but de recueillir, avant qu'il ne soit trop tard, des témoignages de survivants. Des milliers de rescapés ont participé à ce projet après avoir été contactés par la Fondation et d'innombrables heures d'enregistrement constituent maintenant de vastes archives disponibles de par le monde pour préserver la mémoire de la Shoah.

Quand nous raccrochons, ce qui reste en suspens dans mon esprit et qui me taraude est de savoir comment et où elles se sont rencontrées, si sa fille a des enfants (ce qui ferait de Pauline une grand-mère). Le même soir, je lui pose ces questions par email.

14 octobre 2013. Pauline me répond :

Bien chère Lucienne,

Non, ma fille Juliette, n'a pas d'enfants, c'est un choix d'elle et de son mari, m'a-t-elle dit… Ils voulaient se consacrer entièrement à leurs passions vers les autres et que sais-je encore… Notre rencontre a duré de 14h à 18h, vendredi 11 octobre… Elle m'a téléphoné le mercredi 9 octobre pour me demander s'il y avait moyen de passer chez moi, car le lundi elle avait reçu les DVD de mon témoignage sur la Shoa qui se trouvait à New York dans l'institut des archives de la mémoire, de Spielberg, etc. Elle revenait de Berlin, où il paraît que le musée juif sur la mémoire de la Shoa laisse des traces inoubliables… a tapé mon nom sur Google qui y figurait indiquant que j'avais fait un témoignage… Après 4 semaines elle a reçu les DVD… grande émotion… m'a recherchée, en disant qu'elle aimerait me rencontrer, qu'elle a un lien avec la famille Rotkopf (rothkoff)…

J'ai été interrompue…,

… Juliette vient de me téléphoner… elle et son mari Éric ne cessent de parler de moi, tous leurs amis sont contents que le contact se soit bien passé…, on rit…, on pleure, on boit du champagne… et bientôt nous allons fêter son anniversaire, 56 ans le 24 octobre… Nous vivons tous la situation essayant de gérer ces retrouvailles le mieux possible… Le temps nous y

aidera… Heureusement, j'aime sa voix et son rire, c'est aussi une battante, nous allons de l'avant… Chère Lucienne, je regrette du fond du cœur que tu sois à une si grande distance… J'ai déjà parlé de toi, et de ton livre que je vais lui donner à l'occasion… Pour aujourd'hui, je stoppe… Il y a et il y aura encore tant à dire… Pose-moi des questions… A bientôt… Plein de bisous aussi de Macha à vous deux… Paulina…

Plusieurs jours passent sans messages, et d'autres questionnements foisonnent mais j'attends que Pauline soit prête à m'en dire plus.

4 novembre 2013. Un autre message de Pauline m'attend :

Bien chère Lucienne,

Une fin de semaine plus calme… Bien sûr c'est dans la tête qu'il faut mettre de l'ordre… Voici une partie de l'attestation de la fille que j'ai mise au monde. Je l'ai vue que quelques secondes, car nous n'avions pas le droit « selon la loi » de voir le bébé, mais j'avais insisté, car sinon je cassais la vitre, je voulais vérifier si elle était en bonne forme… Cette image m'est toujours restée en tête… Pas évident de la revoir après 56 ans, jeune femme… Je désire surtout avec le temps apprendre à la connaître … Juliette-Eliane vient chez moi ce jeudi… heureusement avec Macha tout va bien, Bisous aussi à Henry de nous 2 à vous 2… Paulina.R.

Depuis ces mails bouleversants et débordants

d'émotion, nos échanges écrits et téléphoniques qui racontent la fille et le gendre de Pauline se multiplient. À mesure que mon amie en apprend davantage, elle partage avec moi chaque nouvel élément du puzzle qui forme leurs retrouvailles. Aux dires de Pauline, le jeune couple est aussi remué que la mère par cet événement et accueille avec enthousiasme aussi bien Macha que Pauline ainsi que leur relation. Éric est heureux pour Juliette qu'elle ait retrouvé sa mère biologique parce qu'à l'âge de quarante ans elle avait perdu sa mère adoptive, et que celle-ci l'avait élevée seule après avoir divorcé quand la fillette avait douze ans.

J'apprends également que les nièces et petites-nièces de Pauline à Paris se sont précipitées à Bruxelles pour faire connaissance de leur nouvelle cousine. Peu de temps après, elles se revoient dans la capitale française et se découvrent des affinités pour l'art et la culture, ce qui les rapproche encore plus. Pauline est aux anges.

Quand mon regard s'attarde sur les nombreuses photos de Juliette jointes aux messages de Pauline, je suis frappée par la ressemblance entre mère et fille. Je retrouve chez Juliette le même visage allongé, les mêmes yeux souriants, le même teint de rouquine, les mêmes mains aux doigts plutôt potelés, la même allure un peu bohème.

Pour Juliette, élevée dans une famille chrétienne, le judaïsme est plus ou moins étranger mais Pauline souhaite et espère rapprocher sa fille de la religion juive ou pour le moins la lui faire mieux connaitre. Peu de mois après leur rencontre, Pauline surexcitée me téléphone et m'annonce que sa fille lui a demandé si elle pouvait l'appeler *mame*, maman en yiddish. J'imagine l'émotion de mon amie en entendant cette proposition spontanée. De son côté, Pauline qui voyait en sa fille une Éliane souhaite l'appeler par ce nom. Juliette accepte *dans le cadre de la famille*.

Je me demande si Pauline, encore sous le choc de ce bouleversement, a pu assimiler la mesure de son nouveau rôle de mère d'une femme de cinquante-six ans. J'ai moi-même retrouvé à l'âge de soixante ans des cousins germains dont j'ignorais l'existence. À cause de la guerre, les liens de cousinage qui se créent dans l'enfance m'étaient étrangers, car je ne connaissais que ma mère, mon beau-père (dont j'avais pris le nom) et mon petit frère. J'ai passé des années à chercher la famille de mon père décédé très jeune peu après ma naissance. Quand, à l'aide d'internet et l'ingéniosité d'Henry, j'ai repéré le nom de mon père sur la toile je n'en croyais pas mes yeux. Je me disais que c'était sûrement une autre famille du même nom. Mais quand notre parenté s'est confirmée et concrétisée par un téléphone et par des rencontres, c'était l'exaltation. J'avais finalement une famille comme les autres. Avec le temps je me suis pourtant rendu compte que je ne leur portais pas les mêmes sentiments que si nous avions grandi ensemble. Nous n'avions aucun souvenir en commun. Cette famille dont j'ai été orpheline et qui m'a tant manquée m'est très importante et chère, mais surtout je pense parce qu'elle a permis de me resituer dans un cadre familial dont je ne savais rien, et de matérialiser le mythe que j'avais créé autour de mon père. Il me semble que je lui porte un attachement plus proche de l'amitié dont j'ai l'expérience, que de parenté telle que je l'imagine. Avec ma cousine Rose, mes affinités de caractère sont évidentes et je nous sens complices, mais je cherche encore des traces tangibles de ressemblance qui confirmerait mes liens familiaux avec les autres.

Quelques mois après leurs retrouvailles, mère et fille veulent, chacune de leur côté, partager cet événement hors du commun avec leurs proches et leurs amis, et fin avril je reçois le mail suivant de Pauline :

Nous vous attendons cordialement pour lever le verre et les pieds... pour fêter le lien retrouvé entre la fille et sa mère après 56 années d'attente ! Formule : Auberge espagnole... musique klezmer et les années 70...

Vêtements relaxes et colorés. On va boire, manger et danser ! Paulina et Macha

Cette grande *Fête du Lien* est prévue pour demain dimanche 25 mai 2014 et nous pourrons faire partie des festivités, puisque nous accostons aujourd'hui à Zeebruge en provenance des États-Unis.

Je ne peux m'empêcher de repenser à notre escale dans ce même port en juin 2010, lors d'une de notre traversée de l'Atlantique. Pauline et Macha étaient venues de Bruxelles nous retrouver lorsque notre bateau avait accosté le temps d'une journée. Macha au volant de sa Mini Morris toute neuve nous avait emmenés à Heist, Knocke, au bord de la mer à une heure de voiture. La plage était déserte, il faisait froid et venteux pour la saison, mais nous avons trouvé une terrasse abritée dans un café-restaurant pour y déguster les spécialités du pays. En parcourant la carte, Macha avait annoncé. « C'est la saison des asperges ! Il faut que vous y gouttiez. » Servies baignant dans leur beurre, elles étaient effectivement délicieuses. Nous nous sommes également régalés de fruits de mer, le tout arrosé de vin blanc, et accompagné de bonne humeur. Pendant les quatre heures que nous avons passées à rire et à bavarder, Pauline a même évoqué des anecdotes de l'armée pour les partager avec Henry.

Notre bateau levait l'ancre à dix-sept heures et

nous nous sommes subitement aperçus qu'il était grand temps de regagner le port. Macha nous y a ramenés en excès de vitesse, non sans être bloquée au tout dernier moment par le garde-barrière qui pour des raisons de sécurité l'a empêchée d'approcher sa Mini Morris du paquebot. Il nous restait encore un court trajet à pied jusqu'au quai d'embarquement. Là, nous nous sommes séparés au pied de l'imposant navire avec des adieux parsemés d'éclats de rires, de grands signes des mains, de « Bon voyage ! », d'« À bientôt ! » qui nous laissèrent sur un sentiment de complicité et une envie de prochaines retrouvailles. J'ai gardé de cette rencontre un souvenir chaleureux et lumineux.

Cette fois c'est un taxi qui nous attend pour nous conduire à Bruxelles où nous passerons le weekend dans un *Best Western* du centre-ville choisi par mon amie. Pauline et Macha doivent venir nous rejoindre à l'hôtel en fin d'après-midi pour dîner avec nous dans l'intimité avant la fête. Je suis curieuse d'en apprendre plus sur Juliette-Éliane et attends avec impatience mes amies dans le salon de la réception pour bavarder, alors qu'Henry se repose dans la chambre. Quand elles entrent finalement par la double porte vitrée de l'hôtel, Pauline s'excuse de son retard.

« Tu comprends, on faisait les courses pour demain.

J'allais venir seule, mais c'était si tard que Macha m'a proposé de faire le trajet en voiture », annonce-t-elle en m'embrassant. J'aurai ainsi leurs deux sons de cloche, me dis-je.

« Heureusement que Juliette et Éric s'occupent de l'essentiel. Je voulais tout commander chez le traiteur à mes frais, mais ils préféraient que chacun apporte quelque chose. Alors j'ai laissé faire, mais ce n'est pas plus simple Enfin, c'est égal, on est ensemble. » Je retrouve les éclats de rire de mon amie.

« Venez, on va s'installer là, à côté. J'ai découvert un endroit tranquille pour parler jusqu'au dîner. » Et je les entraîne vers quatre fauteuils autour d'une table dans un coin cocktail en retrait.

« Ah oui, tu sais que Juliette et Éric se joignent à nous ce soir. Ça te va ? » Je ne le savais pas, mais j'ai hâte de les rencontrer.

« Formidable ! Cela nous permettra de faire connaissance avant la grande fête.

– Oui, ce sera plus intime. J'attends avec impatience votre rencontre. Elle aussi se demande qui est cette Lucienne.

– Alors, dis-moi comment ça s'est passé avec Juliette quand vous vous êtes vues pour la première fois ?

Tu sais donc qu'après être revenue bouleversée du musée juif à Berlin, elle a tapé mon nom sur internet et a vu que j'avais fait un DVD qui datait de quinze ans avec mon témoignage pour la Fondation Spielberg. Elle l'a commandé et visionné, puis a pris contact avec moi par téléphone. Elle avait très peur de faire ma connaissance. C'est son mari qui l'a encouragée et finalement convaincue de faire la démarche, pour en avoir le cœur net. C'est un homme très bien, tu verras. Il s'appelle Éric. Ils ont l'air de bien s'entendre. Il est astrologue Ils organisent ensemble des séminaires… Je ne sais exactement ce qu'ils font Je suis si contente que tu fasses sa connaissance J'ai tant parlé de toi , mais attends que je te raconte Donc, le 9 octobre elle me téléphone, sans me donner trop de détails sauf qu'elle a trouvé mon nom et se demande si nous sommes par hasard apparentées… Je me demandais ce que me veut cette femme. Moi, je n'étais pas si chaude et lui demande son nom. *Panichi.* Je lui réponds qu'il n'y a pas de nom italien dans ma famille. Je n'avais pas tellement envie de voir cette personne. Quand je lui demande son âge, elle se rajeunit d'une dizaine d'années ce qui m'a fait encore plus douter de toute cette histoire. Tu me connais, je ne fais pas tout de suite confiance aux gens. J'ai été trop souvent déçue. Puis comme elle insistait, je lui propose de venir au Carré. Je me disais « Et si c'était une cousine ? Pourquoi ne pas retrouver quelqu'un qui aurait peut-être connu ma mère ? Lorsqu'elle arrive deux jours plus tard, j'ouvre ma porte et me trouve devant une jeune femme hésitante, plus grande que moi, une boîte de pralinés à la main. Je lui présente Macha en lui disant que c'est mon épouse. Alors, elle éclate de rire en disant « Ah, nos meilleurs amis sont un couple d'hommes ». Puis Macha se retire chez elle pour nous laisser seules ». Elle me répète son histoire de musée et de cassette et cette fois me dit la vérité sur son âge qui correspond à la date de mon accouchement. C'est le choc… Je n'arrive pas à croire ce que j'entends. Je n'arrive pas à croire que j'ai ma fille devant moi, et elle m'en convainc en me montrant son certificat de naissance. Elle m'explique qu'elle s'était rajeunie pour ne pas se sentir engagée au cas où le contact ne passait pas entre nous. Cette astuce lui permettrait de faire volte-face et de dire simplement qu'elle s'était trompée. En fait, elle a très peur de se retrouver devant la femme qui est sa mère.

Je me sens défaillir, envahie par toutes sortes d'émotions contradictoires et j'appelle Macha qui attend à côté. J'ai besoin de son soutien et de partager avec elle ce que j'entends. J'ai même une réaction de colère et de retrait. Qui est cette femme qui vient faire revivre en moi ma liaison avec l'homme qui m'a mise enceinte et qui m'a abandonnée après m'avoir menti ? Mais je suis surtout bouleversée d'avoir mon enfant, ma fille devant moi que je croyais perdue à tout jamais. Je repense à ce bébé auquel j'avais donné naissance et dont j'avais été obligée de me séparer pour qu'une autre femme l'élève. Toute ma vie je me suis demandée où elle était, si elle était vivante, si elle était heureuse, ce qu'elle était devenue Je n'en avais parlé à personne pendant des années, j'avais peur, j'avais honte. La seule qui le savait était ma sœur qui ne pouvait rien faire, et mon ami le radiesthésiste qui m'a aidée tant qu'il a pu pendant ma grossesse. Et plus tard, je l'ai confié à mes amies intimes, H., M., et Macha. Donc, la voir vivante, en bonne santé, apprendre que sa famille d'adoption, une famille d'artistes, avait été bonne pour elle, lui avait donné ce dont elle avait besoin, est un tel soulagement et je ressens comme une sorte de miracle. Ah, oui, figure-toi qu'elle vit à Bruxelles. Et dire qu'on aurait pu se rencontrer plus tôt , mais ça ne fait rien C'est merveilleux. Un miracle dont la vie m'a fait cadeau. Au bout d'un moment, Juliette m'avoue que son mari Éric l'attend dans la rue. Il voulait se trouver tout près pour la soutenir au cas où la rencontre se serait mal passée. « Si Éric n'avait pas insisté, je n'aurais pas eu le courage de faire la démarche » m'avoue Juliette. « Mais dites-lui d'entrer ». Je ne sais plus où j'en suis. Je suis tellement émue bouleversée que j'en perds la tête. Il me semble que je rêve, que je me réveillerai et que rien de tout ça ne sera arrivé, que mon quotidien reprendra comme auparavant, tandis qu'avoir retrouvé Juliette-Éliane change pour toujours le temps qu'il me reste à vivre. Avant même d'entrer chez moi, Éric, un homme assez grand, sourit. Il sait déjà que je suis effectivement la mère de Juliette. Alors, c'est le déchaînement, les embrassades, les rires auxquels Macha participe répétant « Je t'ai toujours dit que tu retrouverais ta fille… Je t'ai toujours dit… ». Je n'entendais plus rien, à moitié folle, n'arrivant pas à absorber ce qu'il m'arrivait.

Quand ils sont partis je ne savais plus dans quel monde j'étais… Je voulais le crier sur les toits et en même temps ne croyais pas à ce qui arrivait. Je ne tenais pas en place, je pleurais, je riais… Macha ne me quittait pas de crainte que les émotions provoquées par ce bouleversement me rendent malade. Juliette-Éliane, ma fille, est revenue me rendre visite plus calmement deux jours plus tard. »

« Ha, les voilà ! » s'interrompt Pauline, levant la tête vers les silhouettes qui s'approchent. Juliette-Éliane est suivie d'Éric, et c'est une femme jeune, plus grande que sa mère, le regard souriant. Elle embrasse Pauline et Macha, puis se tourne vers moi, et Pauline nous présente. Spontanément, nous nous enlaçons, prolongeant une étreinte muette. Sans trouver de mots, je lui caresse le bras, en la regardant, les yeux embués. Elle me sourit, car elle croit au toucher, au contact physique, à sa valeur thérapeutique. C'est d'ailleurs son domaine professionnel. Je remarque son pull, dans les tons bordeaux tout à fait comme le châle que je lui offre et qui va à merveille avec sa toilette ce jour-là. Elle en couvre ses épaules, et me fait une bise sur la joue.

Le couple annonce qu'il ne s'attardera pas après le repas. Des préparatifs les attendent encore pour la fête, et nous nous dirigeons vers le restaurant où Henry nous rejoint. À table, la conversation fuse. C'est surtout Pauline qui s'adresse à ses nouveaux enfants pour raconter nos expériences vécues à l'armée et les siennes en Israël. Juliette-Éliane écoute, opine de la tête, rit, pose des questions, ses yeux allant de sa mère à moi, sujet principal des histoires. Tout naturellement, je la sens comme étant une extension de mon amie.

Quand le couple nous quitte, Pauline continue à relater ses retrouvailles qui la ramènent à son passé, à Bruxelles et au radiesthésiste qui s'était occupé d'elle lors de sa grossesse. Elle affirme que grâce à ses soins son ventre proéminent était passé inaperçu par son entourage. Juliette-Éliane aurait demandé à sa mère s'il était son père.

« Ah non! En tout cas pas! » Mais Pauline nous avoue qu'Élie, cet homme de cinquante ans amoureux d'elle, a eu une fois un rapport avec elle pendant qu'elle était enceinte, alors qu'elle ne le désirait pas.

« Je n'ai pas pris un seul jour de congé ni avant ni après la naissance du bébé. Mon patron qui me croyait appartenir à une famille de diamantaires juifs à Anvers d'où je venais, n'a jamais su que j'étais enceinte. Il aurait peut-être compris, je ne sais pas. Car en fait, je m'entendais très bien avec lui, on peut même dire que nous avions une relation platonique, mais il ne savait rien de moi pendant les seize ans que j'ai passés dans sa joaillerie, sauf que je travaillais bien et que j'étais de confiance. Je n'ai osé me confier à personne de peur d'être rejetée par la communauté juive. J'aurais pu demander à une cousine sans enfants d'adopter mon bébé mais, je craignais que ma fille n'y soit pas bien. Ma cousine avait en effet un drôle de caractère et je ne voulais pas, sachant où elle était, suivre mon enfant de trop près. Comme tout le monde se connaissait dans la communauté juive d'Anvers, je ne voulais pas qu'on devine que j'avais fauté et avec un non juif en plus. Mais surtout je craignais les contacts fortuits que j'aurais pu avoir avec ma fille, sans avoir accès à elle. De plus, je ne tenais pas particulièrement à ce qu'elle soit élevée en tant que juive. Juliette-Éliane a eu la chance de tomber dans une famille bien. Au moment de sa naissance, le couple était jeune et il n'avait pas le droit d'adopter un enfant avant l'âge de trente ans. Ma fille a donc porté le nom de Rotkopf pendant quelques mois jusqu'à ce que les formalités aboutissent. C'est ainsi qu'elle avait des papiers officiels à mon nom. Je me demande souvent si en adoptant une enfant juive, ce jeune couple sentait le besoin de faire une bonne action pour se racheter de ce qu'on avait fait aux Juifs pendant la guerre.

– Est-ce qu'Éliane aimerait retrouver son père ? Je demande à Pauline.

– Non, c'est un salaud ! Le type menait une double vie. Il se disait célibataire, mais je suppose qu'il avait peut-être une seconde carte d'identité en tant qu'homme marié. Lorsqu'il a appris que j'étais enceinte, il m'a dit qu'il était marié et que sa femme venait d'accoucher de son troisième enfant. Il vivait en famille, dans la même maison que sa mère qui habitait au premier. Il pouvait tromper son monde grâce à ses horaires de travail de nuit. Mais je crois que sa femme devait être au courant de sa liaison. Je ne devais pas être la première ni la seule. Je suis furieuse quand je repense à la manière dont sa mère m'a reçue en m'insultant parce que j'étais juive ! »

Pauline sur la lancée pourrait encore continuer à vider son cœur, mais Macha lui rappelle qu'une journée importante les attend le lendemain. Notre soirée se termine donc tôt. De toute manière, tout le monde est fatigué. Pauline et Macha à cause des préparatifs pour la fête et les émotions qui y sont liées, nous à cause du voyage.

« Alors à demain ! On vous attend au Moulin. La fête commence à quatorze heures, nous rappelle Pauline en nous quittant.

– Jusqu'à quelle heure ? Je demande en riant.

– Jusqu'à pas d'heure Pourvu qu'il fasse beau et qu'on puisse profiter du magnifique jardin. », répond Pauline.

Des scènes et des paroles de notre soirée me reviennent alors que nous regagnons notre chambre : l'histoire de la première rencontre entre mère et fille, ma propre rencontre avec Éliane, l'harmonie qui semble régner entre le jeune couple et celui de Pauline, le fait que Pauline ne tienne pas particulièrement à ce que son enfant soit élevée parmi les juifs. Sa réaction me fait penser à celle de sa sœur Hélène après la guerre, mais il y a aussi la rancœur toujours vivante en Pauline envers l'homme qui l'a mise enceinte. Ces pensées déclenchent des émotions ambivalentes. Je suis heureuse pour et avec Pauline d'avoir retrouvé sa fille. Je m'inquiète cependant que ces retrouvailles fassent remonter ses souvenirs enfouis si profondément et entraînent des séquelles. Comme elle le dit elle-même, le reste de ses jours en sera changé, sa stabilité peut-être ébranlée. Le destin a permis à Éliane de retrouver Pauline qui, à plus de quatre-vingt ans, est vive de corps et d'esprit. Elles auront encore le temps de tisser des liens de mère à fille. Du fait qu'Éliane habite aussi à Bruxelles, elles peuvent se rencontrer, s'apprivoiser, se rapprocher. Éric et Macha font partie de cette équation. Je me demande dans quel sens évoluera leur relation. Pour le moment, Pauline vit sur un nuage.

Le lendemain lorsqu'un taxi nous dépose au *Moulin de Nekkersgat* vers quinze heures où a lieu la *Fête du Lien*, plusieurs personnes sont déjà éparpillées dans le jardin sous un soleil radieux. Je ne reconnais que Pauline et Macha, Juliette-Éliane, Éric, et Nathalie, la nièce de Pauline arrivée la veille de Paris. Ils nous accueillent avec des embrassades et des exclamations de joie.

Juliette est en pantalon blanc souple, légèrement évasé, un corsage sans manches, et un châle mauve est jeté sur son épaule gauche. Sa tenue a quelque chose de flottant, de léger. Plus je l'observe, plus je reconnais Pauline en elle. Non seulement dans son aspect physique, mais également dans une certaine allure bohème.

« Vous trouverez le vestiaire à l'intérieur du Moulin en descendant quelques marches, où vous pourrez déposer vos affaires. » nous annonce Macha en nous y conduisant. Nous pendons vestes et jaquettes à des crochets, car il fait plus chaud que prévu. De jeunes gens s'affairent au buffet dans une pièce adjacente, plaçant sur les tables couvertes de nappes des salades savamment présentées, des tartes salées et sucrées, des quiches, des gâteaux, dont un au riz (spécialité belge), d'autres pâtisseries, des fruits, apportés par les invités. L'ensemble forme un tableau multicolore et gai. Les boissons sont offertes. J'avale un grand verre d'eau et me verse un jus d'orange me laissant seulement tenter par du gâteau au pavot, gâterie de mon enfance. Je me promets de me resservir plus tard de salade de petits fruits rouges couverts de crème fouettée. Mon butin en mains pour le déguster dehors, je me dirige vers la sortie. Dans l'embrasure de la lourde porte je suis éblouie par la luminosité extérieure et plisse les paupières quelques instants pour m'habituer au contraste. De là, je balaie du regard le jardin et repère des rangées de chaises un peu en retrait où certains convives bavardent entre eux en jouissant du soleil. Je cible un siège libre près d'un couple. Je n'ai jamais su me mêler avec aisance à un groupe que je ne connais pas, même quand d'autres m'adressent la parole. Mais aujourd'hui je me lance. « Est-ce libre ? Vous permettez ? ». Le couple acquiesce d'un commun accord en souriant et je m'oblige à engager la conversation avec la femme assise sur le siège à ma droite. « Vous êtes des connaissances de la fille ou de la mère ? »

Il y a deux groupes distincts à cette fête : les invités de Pauline venus faire la connaissance de sa fille et ceux de Juliette pour rencontrer sa mère. Ma voisine et son mari qui habitent une des maisonnettes jouxtant celles de Pauline et Macha semblent ravis de pouvoir parler des liens d'amitié crées entre voisins du *Carré Dewandeleer*. « Même avec nous, les derniers arrivés » insistent-ils. Puis c'est à mon tour d'expliquer ma relation avec Pauline et d'évoquer notre amitié de longue date.

Mon regard erre sur la cour du jardin. Le nombre d'invités se multiplie et des groupes se forment. J'observe Pauline qui s'agite pour accueillir les nouveaux venus en les présentant à sa fille. Comme toujours, elle porte une large jupe qui lui arrive aux chevilles, noire cette fois, un haut en voile blanc, un long châle rouge autour de cou. Le khol très sombre qui borde ses paupières fait ressortir le vert de ses yeux. Son visage est déjà tout rouge d'excitation et de chaleur. Macha est en espadrilles orange presque assorties à ses pantalons étroits jaune moutarde, mais qui ne tiennent pas à ses pieds. Elle porte une veste rayée horizontalement aux multiples couleurs vibrantes. Ses cheveux sont noués en un chignon, tandis que ceux de Pauline tombent sur ses épaules. Je remarque que la plupart des femmes sont en sandales, jambes et pieds dénudés vu le beau temps exceptionnel. Je porte quant à moi collants et mocassins dans lesquels j'ai beaucoup trop chaud. Petit à petit la cour du Moulin se remplit et l'orchestre klezmer, comme au mariage l'année précédente, se met à jouer des airs yiddish, israéliens, tziganes, russes, dont certains sont mélancoliques et d'autres animés.

Déjà un cercle se forme pour une hora pendant que Pauline incite de la voix et des gestes les convives à participer à la danse. Je ne résiste pas et je me laisse entraîner à faire partie de la ronde, malgré le terrain pavé et pentu. Mais je ne tiens pas longtemps. Essouflée et échauffée, je lâche les bras de mes partenaires après quelques tours, satisfaite de m'être abandonnée à cette allégresse contagieuse. Lorsque Pauline elle-même déclare forfait un moment plus tard, émue, je la serre dans mes bras. C'est à se demander d'où elle prend l'énergie déployée lors de ces rencontres joyeuses.

Je crains qu'elle n'en fasse trop, me souvenant des conséquences de son exaltation l'année dernière lorsqu'elle s'était évanouie au restaurant.

La hora semble avoir eu pour effet d'entremêler et de fondre les groupes distincts du début de l'après-midi. Ceux qui dansent et chantent à tue-tête en formant un large cercle ne font plus qu'un.

Pauline a préparé un discours pour raconter devant l'assemblée à ceux qui ne la connaissent pas, l'histoire de ses retrouvailles avec Juliette-Éliane. Tenant le micro d'une main et lisant son texte de l'autre, elle improvise tout à son aise et en riant quand elle s'éloigne trop du micro ou de son manuscrit.

Discours de Paulina

Très chers toutes et tous !

De peur que trop d'émotions m'empêchent de vous remercier de participer à ce qui m'est arrivé de merveilleux, d'extraordinaire et vu mon âge avancé…, j'ai préféré prendre quelques notes.

Macha – ma si chère Épouse – depuis plus de trente-cinq ans était persuadée qu'un jour ou l'autre ma fille Éliane-Juliette, me trouverait. Merci mon grand Amour pour cette confiance !

Et ce jour est arrivé !

Grâce à un de mes témoignages sur la Shoah, filmé il y a déjà quinze ans, grâce à la Fondation Steven Spielberg et grâce à Internet. Merci ! (Comme quoi Internet n'est pas si mal après tout…).

Le 9 octobre 2013, Juliette Panichi, domiciliée rue Sans-Souci (! ?), m'a téléphoné pour me parler du DVD qu'elle a visionné, et le 11 octobre, nous nous sommes rencontrées et la mère et la fille se sont retrouvées !

Merci aux parents adoptifs qui lui ont donné une ouverture d'esprit et de cœur…

Merci à mon – notre – beau-fils Éric qui ne cesse de nous combler de son être, de son affection pour ses deux belles-mères ! Et grâce à qui ma fille Juliette-Éliane a fait le grand saut : retrouver sa mère qui l'a portée durant neuf mois entre désespoir et espoir pour finalement lui trouver une famille d'adoption d'artistes…

Sa Mame, comme elle dit, vit de grands moments de Bonheur !

Un grand merci aussi à Marina (médecin, amie de Juliette), *qui a pris et prend si bien soin de ma fille.*

Merci, merci à ma petite famille parisienne, mais grande en sentiments : les cousines et cousins, petits et grands ; mes amis d'ici et d'ailleurs, à vous toutes et tous : Vive la Vie, Le Chaïm, que le mazal vous accompagne. Ne désespérez jamais, après la pluie le beau temps comme dit le dicton. Tout peut arriver !

Je vous serre toutes et tous contre mon cœur ! (de loin, parce que vous êtes bien trop nombreux !).

Merci, dank u, A Dank, Thank you, Toda raba… que la joie vous inonde !

Mais, je n'ai pas encore fini…. Je voulais aussi particulièrement remercier mon amie Lucienne et son mari Henry d'avoir fait un grand détour de Washington et d'avoir traversé l'Atlantique en bateau pour fêter avec nous et rencontrer ma fille et son mari.

Lucienne et moi, nous nous sommes rencontrées à

dix-huit ans à l'armée en Israël et depuis, une amitié nous lie à jamais !

À mes amies de Sappho et une pensée à celle qui nous a quittées trop tôt, Monica, artiste, poétesse et plus.... Amitié particulière de 1969 à 2013... quarante-quatre ans... !

Je vous embrasse, détendez-vous, amusez-vous !

Yalla – Kadima !

Ce n'est pas encore fini...

D'où vient le nom d'Éliane ? Grâce à Élie, radiesthésiste, qui m'a aidée moralement et physiquement (on ne voyait pas que je portais un enfant !). Merci où que tu sois, ici-bas ou là-haut. De là le nom Éliane.

Voilà, c'est fini. Amusez-vous bien et dansons la hora...

En guise de conclusion…

Lorsque je me souviens du jour où j'ai revu Pauline, je m'étonne encore de l'aisance de notre première rencontre. C'était comme si ces longues années de silence n'avait rien changé à notre amitié. Ce que nous avions vécu ensemble à l'époque de nos vingt ans était resté indélébile, malgré le temps qui nous avait séparées.

Bien sûr, il fallait reconstituer le puzzle des années dont je ne savais rien. Il fallait raconter, écouter et intégrer ce que j'apprenais d'elle à la lumière de ce que je savais déjà. Il fallait découvrir ce que Pauline avait tu pendant nos deux années passées ensemble à l'armée en Israël et ce qu'elle avait vécu après son retour à Bruxelles. Mais la spontanéité et nos rires dès les premiers instants de nos retrouvailles avaient le même goût de l'amitié vivace encore présente dans nos souvenirs.

Depuis, malgré les kilomètres qui nous séparent, j'ai suivi son cheminement et les événements qui l'ont jalonné. Ces contacts ont non seulement confirmé notre ancienne complicité, mais ont aussi resserré nos liens en nous rapprochant d'autant plus. Ils m'ont également permis de mieux connaître Macha qui m'est devenue encore plus chère.

Je n'aurais jamais imaginé qu'après plus de cinquante ans, je participerais à deux événements extraordinaires qui touchent à la vie de Pauline. Je pense particulièrement à son mariage en 2012 avec Macha, sa compagne de plus de trente ans. Il y a aussi, et surtout, sa réunion, quelques mois plus tard, avec sa fille Éliane, maintenant une femme de cinquante-sept ans, dont elle ne savait rien depuis qu'elle l'avait mise au monde. Cette rencontre a bouleversé et changé sa vie pour toujours. En forçant un peu les circonstances, j'ai pu assister aux célébrations de ces deux événements hors du commun et partager de loin comme de près les émotions et l'euphorie qui les accompagnaient. J'ai aussi pu faire la connaissance d'Éliane.

Comme je venais d'écrire ma propre histoire, je me disais et le répétais à Pauline que la sienne, bien plus tumultueuse que la mienne devait être racontée. « Est-ce que tu serais d'accord de le faire ? » me demanda-t-elle après avoir lu mon livre. J'ai été touchée de sa confiance, car je n'étais en mesure de parler de sa vie que d'après de ce que nous avions partagé, de ce qu'elle m'avait raconté et ce dont je suis devenue témoin.

Ce que j'ai évoqué dans ces pages sur mon amie est donc issu de nos rencontres, de notre correspondance, de nos nombreux échanges téléphoniques outre-Atlantique, ainsi que de son DVD enregistré pour le projet Spielberg. J'ai essayé de relater ce que je savais du parcours extraordinaire de Pauline et de l'optimisme et de l'énergie avec lesquelles elle a su y faire face, en m'efforçant de rester aussi proche que possible de ce que j'ai appris et compris.

Pour reprendre les paroles que Pauline aime souvent répéter « dans la vie il faut avoir du mazal ! » (De la chance), chance à laquelle elle eut droit çà et là tout au long de sa vie mouvementé. Je souhaite que ce *mazal* l'accompagne encore partout et toujours. Telle que je la connais, elle saura avec enthousiasme et vitalité en tirer pleinement avantage.

Table des matières

Remerciements

Tout d'abord, un immense merci à Fabienne R. pour sa générosité, son enthousiasme, sa créativité et ses innombrables contacts qui m'ont permis de rencontrer les personnes grâce auxquelles mon projet a pu se concrétiser. Merci à Blandine S. pour son intérêt et sa relecture de mon texte ; ses suggestions et corrections ont contribué à lui donner sa forme finale. Je tiens aussi à remercier les Éditions Allewil d'avoir accepté mon manuscript et de l'avoir transformé en livre avec professionnalisme dans un esprit ouvert et cordial.

Je remercie tout particulièrement Macha et Pauline d'avoir lu et relu des passages d'un texte en cours d'élaboration pour en vérifier et confirmer l'exactitude des faits relatés. Et finalement un grand merci à Henry, vers qui je me tournais pour résoudre, entre autres, les problèmes de traitement de texte et qui arrivait toujours à les résoudre avec la patience qui me faisait défaut.

Imprimé en Europe par Lightning Source
N° d'impression : CSS2066846
Dépôt légal : 2nd trimestre 2015.

Lightning Source UK Ltd.
Milton Keynes UK
UKOW04f0820290515

252531UK00001B/4/P